AI 教育

令人惊叹的人工智能超级导师

蔡湘文 ◎ 著

江西科学技术出版社

江西·南昌

图书在版编目（CIP）数据

AI教育：令人惊叹的人工智能超级导师 / 蔡湘文著.
南昌：江西科学技术出版社，2025. 5. -- ISBN 978-7
-5390-9480-9
Ⅰ. G40-057
中国国家版本馆CIP数据核字第2025P5T118号

AI教育：令人惊叹的人工智能超级导师
AI JIAOYU：
LINGREN JINGTAN DE RENGONG ZHINENG CHAOJI DAOSHI

蔡湘文 著

出版 发行	江西科学技术出版社
社址	南昌市蓼洲街2号附1号
	邮编：330009　电话：（0791）86623491　86639342（传真）
印刷	三河市双升印务有限公司
经销	全国新华书店
开本	710 mm×1000 mm　1/16
字数	200千字
印张	14.5
版次	2025年5月第1版
印次	2025年5月第1次印刷
书号	ISBN 978-7-5390-9480-9
定价	78.00元

国际互联网（Internet）地址：http://www.jxkjcbs.com　选题序号：KX2025078　赣版权登字：-03-2025-44
责任编辑：范春龙　　　总策划：杨青　　　出版统筹：柴占伟
策划编辑：杜若婷　李浚宁　装帧设计：张晴　章越
版权所有　侵权必究
（赣科版图书凡属印装错误，可向承印厂调换）

前言
PREFACE

在各项技术快速发展的当代社会，人工智能逐渐成为一个热点话题。人工智能这一词语最早出现于20世纪50年代，经过了半个多世纪的发展，已经取得一定的发展成果。目前，人工智能显然已经渗透在社会中的诸多行业中，从人们的日常生活，再到社会各领域的生产实践，我们都能看到人工智能的"影子"。不容忽视的是，人工智能在学习领域也展示出非凡的价值和意义。对于传统学习模式来说，学生课后自学总是存在各种各样的问题，有时会因为不理解解题步骤而烦恼，有时会因为缺少合适的练习题而忧心，如今借助人工智能的力量，这些问题都将迎刃而解。合理运用AI软件，学生就像拥有了一位24小时陪伴的"超级导师"，再多的难题也不在话下。人工智能技术突破传统技术的局限，让个性化学习和实时性反馈成为可能，学生能够获得相比于以往更加多样化的学习体验。借助人工智能的文字分析与整理能力，学生能够实现高效的字词积累和创意生成，显著提升作文写作能力。AI借助自然语言处理技术，帮助学生从大量的文章和文本中提取有价值的语言模式和表达方式，提供个性化的写作指导和修改建议，进而激发学生的写作灵感与思维。在理科领域，人工智能的大数据分析和图像识别技术为学生提供了全面的辅导支持。无论是通过文字解读还是图形解析，学生只需输入题目，人工智能即可迅速生成对题目的深入分析，提供科学合理的解题策略，并帮助学生全面理解问题背后的知识点。

AI 教育：
令人惊叹的人工智能超级导师

　　本书致力研究和讨论人工智能与现代教育结合的可能性，探讨如何利用人工智能的力量为传统自学方式注入更多有益的活力。

　　全书共分为 7 章，从文科到理科，从语言到艺术，详细介绍了人工智能如何在各个学科领域内担当超级导师的角色。第 1 章简要回顾了人工智能时代的到来，以及它如何改变了我们的学习方式，人工智能导师通过自动化的辅导、实时答疑和个性化推荐，让学习变得更加轻松高效。第 2 章至第 5 章则深入探讨了人工智能在文科、理科、演讲和英语等领域的应用，展示了人工智能帮助学生积累知识、提升技能，甚至进行创作与表达的方式。第 6 章则聚焦于艺术教育领域，展现了人工智能如何推动创作灵感的激发与艺术欣赏的提升。第 7 章介绍了人工智能如何将学习过程变得更具趣味性，激发学生的创造力和好奇心。作为一位"超级导师"，人工智能具备强大的数据分析与学习能力，它能够根据每个学生的具体情况为其量身定制学习内容，发现学习中的薄弱环节，并提供有针对性的指导。

　　本书是一本全面展示 AI 教育应用的作品，旨在帮助读者深入了解这一前沿科技如何在教育领域中开创无限可能。现在，AI 不仅仅是一个技术工具，更像是教育变革的"推动者"。在未来的学习旅程中，AI 将成为每个人的超级导师，引领我们走向更加智能、更加个性化、更具创造力的教育新时代。本书为了更加真实地呈现 AI 工具的实际工作状态，对 AI 所生成的内容未做任何修改，其中难免会有错漏，敬请各位读者谅解。

目录 CONTENTS

第 1 章 AI 超级导师

1.1 AI 时代来临 … 2
1.2 AI 导师让学习更容易 … 6

第 2 章 AI 超级文科导师

2.1 字词积累、文言文、古诗词 … 8
    2.1.1 字词积累 … 8
    2.1.2 文言文 … 13
    2.1.3 古诗词 … 18

2.2 提升写作能力好助手 … 25
    2.2.1 创作灵感 … 25
    2.2.2 内容优化 … 28

2.3 历史知识整理归纳   34

2.3.1 生成历史人物生平时间轴   34
2.3.2 生成总结和提炼重点   36

2.4 史料翻译：让历史更易懂   39

2.4.1 段落速译   39
2.4.2 古字今义   42

第 3 章 AI 超级理科导师

3.1 AI 解决各类理科难题   52

3.1.1 方程组   52
3.1.2 概率题   58
3.1.3 追及与相遇问题   60

3.2 理科习题模拟练习   64

3.2.1 DeepSeek 出题常规提示模板   64
3.2.2 针对性题目的提问模板   66

3.3 AI 成就小小实验家 72

3.3.1 实验操作步骤 72
3.3.2 实验操作"避坑"指南 74

3.4 化学方程式不再棘手 78

3.4.1 化学方程式解析 78
3.4.2 化学方程式配平指导 80

第 4 章 AI 超级演说导师

4.1 AI 辅助演讲稿创作 86

4.1.1 构建演讲大纲 86
4.1.2 生成演讲稿内容 94
4.1.3 进一步优化演讲稿内容 98

4.2 AI 制订演说训练计划 105

4.2.1 轻重音训练计划 105
4.2.2 演讲信心提升计划 112

第 5 章　AI 超级英语导师

5.1　AI 帮你记单词 — 118

5.1.1　单词学习　118
5.1.2　单词测验　123

5.2　英文语境模拟大师 — 127

5.2.1　机场情境　127
5.2.2　夏令营活动　129
5.2.3　商场环境　130

5.3　英语阅读助手 — 132

5.3.1　英语文章精读　132
5.3.2　英语阅读理解练习　140

5.4　AI 英语写作 — 147

5.4.1　思路生成　147
5.4.2　写作结构　150
5.4.3　撰写初稿　152
5.4.4　全文检查　156

第 6 章　AI 超级艺术导师

6.1 AI 绘画创作　　　　　　　　　　　　　　　160

6.1.1　常规绘画创作　　　　　　　　　　　161
6.1.2　参考图生图创作　　　　　　　　　　167

6.2 AI 艺术作品赏析　　　　　　　　　　　　　173

6.2.1　绘画作品赏析　　　　　　　　　　　174
6.2.2　文学作品赏析　　　　　　　　　　　180

第 7 章　AI 趣味学习导师

7.1 讲故事　　　　　　　　　　　　　　　　　　186

7.2 创意写作工坊　　　　　　　　　　　　　　　190

7.3 聊天机器人　　　　　　　　　　　　　　　　195

附录：AI 家教颠覆你的想象

AI 课前预习 　　　　　　　　　　　　　　　　　202

AI 课后复习 　　　　　　　　　　　　　　　　　209

AI 错题本 　　　　　　　　　　　　　　　　　　212

AI 习题集 　　　　　　　　　　　　　　　　　　217

结 语 　　　　　　　　　　　　　　　　　　　221

AI 超级导师

如今,借助各项新兴技术的强力辅助,AI 就像一名超级导师,能够极大地提升学生自学的效率和改善体验效果。面对传统自学模式下常常出现的问题,AI 超级导师能够一一解决,包括个性化学习路径定制、实时解答问题、提供自适应测试等。

第 1 章

1.1 AI 时代来临

人工智能（artificial intelligence，AI），是研究用人工的方法，来提升、拓展、推动产业进步和社会发展的新兴产业。如果追根溯源，人类对于人工智能的研究甚至可以回溯至遥远的先秦时期，当时世间就流传有巧匠偃师献给周穆王艺妓（会歌舞的人偶）的故事。于此稍晚时期，遥远古希腊的哲学家亚里士多德也曾在其著作《工具论》中提出相关的思想，被后世称为"布尔代数"。现代意义"人工智能"词汇的产生，是在 20 世纪中叶。自此，人工智能初具雏形，至今已经走过几十年，在这些年中，人工智能技术取得瞩目的发展成就。

科学家沃伦·麦卡洛克和沃尔特·皮茨在 1943 年首次尝试模拟人脑的智能功能，他们的研究为 AI 打下了基础。同一时期，加拿大心理学家唐纳德·赫布在心理学领域的研究突破，也为 AI 的发展提供了理论支持。1950 年，阿兰·图灵通过《计算机器与智能》一文提出了著名的"图灵测试"，这是 AI 研究的里程碑，标志着对智能机器的探索迈出了重要一步。1955 年，约翰·麦卡锡提出"人工智能"这一概念，并在次年的达特茅斯会议上使其成为一个正式的研究领域，这是标志着 AI 从概念走向学术研究的起点。如图 1-1 所示。

图 1-1 AI 生成图片

1959 年，亚瑟·塞缪尔提出"机器学习"的概念，AI 研究进入了一个全新的阶段。塞缪尔的思想颠覆了传统的机器编程模式，倡导机器能够自我学习与成长，这为人工智能的蓬勃发展奠定了技术基础。然而，尽管这一时期取得了一定的进展，到了 20 世纪 70 年代，AI 研究因技术瓶颈和资金短缺而进入了所谓的"寒冬期"，许多研究机构陷入困境。

20 世纪 80 年代，AI 在"专家系统"这一新形式的推动下，重新焕发活力。专家系统通过将人类专家的知识编码于计算机中，解决了许多复杂问题。这一阶段，AI 尤其在象棋领域取得了突破性进展。1989 年，象棋程序"深蓝"和

"HiTech"击败了多位国际象棋大师，而 IBM 的"深蓝"更是成为首个战胜国际象棋世界冠军的 AI 系统，这些成就证明了 AI 在特定领域的强大潜力，为未来的研究开拓了道路。如图 1-2 所示。

图 1-2 AI 生成图片

进入 21 世纪，人工智能的发展得到了新兴技术的强力推动。大数据、云计算、物联网等技术的崛起使得 AI 的处理能力得以快速提升，深度学习成为其核心能力之一。AI 不再仅限于特定领域，而是迅速扩展到医疗、金融、教育、制造等各个行业，成为推动社会进步的重要力量。

如今，人工智能正处于快速发展时期，其应用场景日益丰富，影响力逐步扩大。从研究到实践，AI 技术不断取得突破，每一个历史节点都为当下的智能时代打下基础。

相比于传统技术，甚至对于人类本身来说，人工智能具有许多无可替代的性质，这些特点令其具有许多潜在的优势，能够在很大程度上辅助我们解决现实生活和工作中的诸多问题。人工智能的特点在于交互性、创造性、学习性和智能决策性。交互性，是指人工智能有较强的交互能力，用户可以与人工智能软件进行交互，通过自然语言处理技术，人工智能软件可以给出答复，和用户进行非常流畅的交流，极其接近人与人之间的交流方式。创造性，指人工智能具有较强的创造能力，由于各项新兴技术的加持，人工智能软件能够在较短的时间内进行全方位搜索，并且总结归纳值得借鉴的内容，据此创造更有价值、更具创新性的内容，为用户提供参考和借鉴。学习性，指人工智能具有一定的学习能力，用户长期使用人工智能软件，会使其更加熟悉其"主人"的思维方式、提问模式等，在这样的长期影响下，人工智能会不断丰富和完善，让用户有更好的体验。智能决策性，指人工智能具有非常强的综合分析能力，当用户把需要人工智能软件进行分析的能力上传后，人工智能可以在很短的时间内进行快速分析。原本人力需要消耗很久才能完成的工作，在人工智能技术的加持下，可能只需要短短几分钟的时间便能出结果。

1.2 AI 导师让学习更容易

在当今信息爆炸的时代，学生们的学习方式正在发生深刻的变化。随着人工智能技术的迅猛发展，AI 已经逐渐融入教育领域，成为学生学习过程中的得力助手。学生利用 AI 技术，仿佛获得了一位超级导师，使他们的学习变得更加轻松和便利。AI 技术能够为学生提供个性化学习体验，因为每个学生的学习习惯、知识基础、兴趣爱好都各不相同，传统的教育模式往往难以满足每个学生的个性化需求。AI 赋予学生更大的自主学习空间，通过智能学习助手，学生可以在家中或任何地方随时进行学习。这种灵活性提高了学习的便利性，促使学生更加高效地管理自己的学习时间。学生可以选择在晚上或周末进行复习，而不必拘泥于固定的上课时间。这种自主选择的学习方式，让学生能够在舒适的环境中进行深度学习，促进他们的学习创造力提升。

AI 超级文科导师

学生利用 DeepSeek 软件,能够有效辅助自己学习文科知识,提高文科水平,就像获得一个"AI 超级文科导师",助力自身的相关知识水平不断提高。

本章讲述学生如何运用 AI 软件(选取 DeepSeek 作为示例软件),提高自己的文科成绩。

第 2 章

2.1 字词积累、文言文、古诗词

2.1.1 字词积累

对于学生而言,合理使用 DeepSeek 软件就如同获得了一位超级文科导师,尤其在字词积累方面,DeepSeek 能够提供诸多有益的辅助。

DeepSeek 具备强大的信息处理能力和数据分析能力,可以快速地整理和归纳大量的字词信息。学生可以通过与 DeepSeek 的互动,轻松获取各种字词的定义、用法、近义词、反义词等详细信息,从而极大地丰富自己的字词库。常见的提问模板或提问方式如下(表 2-1)。

表 2-1 常见的提问模板或提问方式

序号	模板描述	示例
1	请给我介绍一下汉字【×】的基本含义和常见用法	请给我介绍一下汉字"胜"的基本含义和常见用法
2	汉字【×】的含义是什么?有哪些常见的用法和例句	汉字"爱"的含义是什么?有哪些常见的用法和例句
3	汉字【×】有哪些不同的含义和用法?请举一些例子	汉字"胜"有哪些不同的含义和用法?请举一些例子
4	请列出汉字【×】的不同义项,并说明它们的使用场景和例句	请列出汉字"重"的不同义项,并说明它们的使用场景和例句

续表

序号	模板描述	示例
5	汉字【×】的历史意义是什么？它在古代与现代的用法有什么不同	汉字"胜"的历史意义是什么？它在古代与现代的用法有什么不同
6	汉字【×】有哪些古代与现代的不同读音和意义	汉字"尽"有哪些古代与现代的不同读音和意义
7	汉字【×】可以作为哪些词性使用？请举例说明	汉字"胜"可以作为哪些词性使用？请举例说明
8	汉字【×】在句子中通常用作什么成分？请给出例子	汉字"爱"在句子中通常用作什么成分？请给出例子
9	请解释成语【××××】中的【×】是什么意思	请解释成语"胜券在握"中的"胜"是什么意思
10	汉字【×】在常见词语或成语中的意思是什么？请举例说明	汉字"胜"在常见词语或成语中的意思是什么？请举例说明
11	汉字【×】有哪些同义词和反义词？请列出并简要解释	汉字"胜"有哪些同义词和反义词？请列出并简要解释
12	汉字【×】在特定文化背景下有何特殊含义或象征	汉字"福"在中国文化中有何特殊含义或象征
13	汉字【×】在古代文学中通常如何使用？能否举一些经典文献中的例子	汉字"胜"在古代文学中通常如何使用？能否举一些经典文献中的例子
14	请告诉我汉字【×】的拼音和笔画数	请告诉我汉字"胜"的拼音和笔画数
15	汉字【×】的拼音是什么？它的笔画是怎样的	汉字"爱"的拼音是什么？它的笔画是怎样的

2.1.1.1 "胜"

问：

请详细介绍"胜"这个字，包括定义、用法等。

答：

胜（shèng）

定义："胜"是一个多义字，主要含义包括：

（1）胜利；成功（与"败"相对）：例如：战胜、取胜、得胜、胜败乃兵家常事。

（2）打败；超过：例如：以少胜多、事实胜于雄辩。

（3）优美的（景物、境界等）：例如：胜景、胜境、引人入胜。

（4）能够承担或承受：例如：胜任、不胜其烦。

（5）古代妇女的首饰：例如：方胜、花胜。

（6）姓氏。

用法："胜"字用法广泛，既可作动词，也可作形容词、名词等。

（1）作动词：

表示胜利、成功：

我们球队在比赛中取得了胜利。

经过努力，他终于战胜了病魔。

表示打败、超过：

这场战役，我军以少胜多。

事实胜于雄辩，真相终将大白。

（2）作形容词：

表示优美的：

这里风景秀丽，是一处旅游胜地。

这篇文章写得引人入胜，让人爱不释手。

表示能够承担或承受：

他工作认真负责，完全能够胜任这份工作。

面对困难，我们要有不胜其烦的精神。

（3）作名词：

指胜利：

这场比赛的胜利来之不易。

我们要总结经验教训，争取更大的胜利。

指优美的景物或境界：

这里山清水秀，是一处人间胜境。

这幅画意境深远，堪称艺术胜品。

指古代妇女的首饰：

她头上戴着精美的花胜，显得格外美丽。

组词：胜利、战胜、取胜、得胜、胜败、胜算、胜景、胜境、胜地、胜任、不胜、方胜、花胜

成语：百战百胜、出奇制胜、引人入胜、不胜枚举、不胜其烦、旗开得胜、大获全胜、反败为胜

例句：

①经过激烈的角逐，中国队最终战胜了日本队，获得了冠军。

②这幅画描绘了江南水乡的胜景，令人心旷神怡。

③他工作能力很强，完全能够胜任这份工作。

④面对困难，我们要有不胜其烦的精神，才能最终取得成功。

总结："胜"字含义丰富，用法广泛，是汉语中常用的字之一。掌握"胜"字的含义和用法，可以帮助我们更好地理解和运用汉语。

这段关于"胜"字的解释相当全面，涵盖了"胜"字在现代汉语中的多种意义和用法，清晰地列出了"胜"的不同词义，并结合了丰富的例句，帮助学生更好地理解"胜"字在不同语境下的应用。

2.1.1.2 "缘"

问:

汉字"缘"在中国文化中有何特殊含义或象征？

答:

汉字"缘"在中国文化中承载着丰富的哲学思想和生活智慧，它不仅仅是一个简单的字，而是蕴含着深刻的文化内涵和象征意义。以下是"缘"字在中国文化中的一些特殊含义和象征：

（1）缘分与命运：在中国传统文化中，"缘"常常与"分"连用，形成"缘分"的概念，指的是人与人之间或人与事物之间某种不可预知的神秘联系。这种联系被认为是前世因果的延续，是命中注定的。缘分被认为是安排人与人相遇、相知、相爱的一种超自然力量。

（2）佛教影响：在佛教中，"缘"是核心概念之一，指的是所有事物相互依存、相互联系的关系。佛教讲求缘起性空，认为一切现象都是因缘和合而生，没有独立不变的自性。这种思想深刻影响了中国文化，使得"缘"字带有了一种宇宙观和人生观的意义。

（3）人际关系：在中国社会，"缘"字也常用于形容人际关系的和谐与美好。例如，夫妻之间有"姻缘"，朋友之间有"友缘"，师生之间有"师缘"。这些关系都被视为一种珍贵的缘分，需要珍惜和维护。

（4）自然与人文：在文学艺术中，"缘"字也常用来表达人与自然、人与社会之间的和谐关系。例如，诗人会赞美山水之间的"景缘"，书法家会追求笔墨与纸之间的"墨缘"。

（5）生活态度：中国人常用"缘"来表达一种随遇而安、顺其自然的生活态度。在面对人生的得失、离合时，人们往往会用"缘"来安慰自己或他人，认为一切都是缘分使然，不必过分强求。

（6）象征意义：在象征层面，"缘"字代表着连接、纽带和机遇。它象征着人与人之间的情感纽带，也象征着人与机遇之间的联系。在中国传统文化中，许多吉祥图案和习俗都蕴含着"缘"的象征意义，如"缘木求鱼""缘定三生"等。

总之，"缘"字在中国文化中是一个多维度、多层次的概念，它不仅反映了中国人对人际关系的理解，也体现了对宇宙万物相互联系的认识，以及对生活哲学的深刻思考。

向DeepSeek发问，DeepSeek快速对汉字"缘"进行分析，大致给出6点解释，即认为汉字"缘"分别代表"缘分与命运""佛教影响""人际关系""自然与人文""生活态度""象征意义"，每一重含义解释都比较贴切，和人们日常使用汉字"缘"的实际场景一致，能够对学生起到很重要的学习指导作用，加深学生对于汉字"缘"的认知和印象。

2.1.2 文言文

DeepSeek具有文言文识别、分析与运用能力，为学生学习文言文提供了极大的便利。文言文作为中华传统文化的重要载体，是学生语文学习中不可或缺的一部分。然而，由于文言文与现代汉语在词汇、语法、表达方式等方面存在显著差异，学生在学习过程中常常面临理解困难、兴趣不足等问题。

DeepSeek的出现，为学生提供了一个高效、智能的学习助手，能够在一定程度上弥补传统教学中的不足，帮助学生更好地掌握文言文知识。DeepSeek的即时翻译功能为学生解决了文言文阅读中的语言障碍。文言文中包含大量生僻字、通假字以及古今异义词，这些词汇往往成为学生理解文意的"拦路虎"。例如,在阅读《史记·项羽本纪》时,学生可能会对"项王军壁垓下,兵少食尽"中的"壁"字感到困惑。通过 DeepSeek,学生可以迅速了解到"壁"在这里是"筑营驻扎"的意思,从而准确理解句子的含义。DeepSeek 还能够对文言文中的成语、典故进行详细解释。例如,在阅读《论语》时,学生可能会遇到"温故而知新"这样的成语,DeepSeek 不仅可以解释其字面意思,还能结合历史背景和文化内涵,帮助学生深入理解其背后的哲学思想。除了语言层面的帮助,DeepSeek 还能够为学生提供文化背景知识的支持。文言文作品中常常涉及古代的历史事件、人物、典章制度等内容,这些背景知识对于理解文意至关重要。例如,在阅读《出师表》时,学生需要了解三国时期的历史背景以及诸葛亮与刘备之间的关系,才能深刻体会文章的情感内涵。DeepSeek 可以通过智能检索功能,为学生提供相关的历史背景资料,帮助他们更好地理解文本。

总之,DeepSeek 作为一款智能工具,在文言文学习中发挥了重要作用。能够帮助学生解决语言障碍,提供语法解析、文化背景知识等多方面的支持,使学生在没有老师指导的情况下也能自主学习文言文。

学生在利用 DeepSeek 自学文言文时,可以通过多种方式向 DeepSeek 提问,以下是一些常见的提问模板,帮助学生高效地获取准确的解答和分析。

字词释义类问题:

"青,取之于蓝,而青于蓝"中的"青"是什么意思?

"木直中绳,𫐓以为轮"中的"𫐓"是什么?

"名可名,非常名"中的"名"是指什么?

句子翻译类问题:

请将《劝学》中的"青,取之于蓝,而青于蓝"翻译成现代汉语。

"无名天地之始,有名万物之母"的意思是什么?

将这段文言文翻译成白话文:"君子博学而日参省乎己,则知明而行无过矣。"

背景和文化解读类问题:

"青,取之于蓝,而青于蓝"出自哪篇文言文?它反映了什么样的思想?

《道德经》中的"无名天地之始,有名万物之母"是什么意思?它在道家哲学中的地位是什么?

"木受绳则直,金就砺则利"这句话在《劝学》中的含义是什么?

历史知识类问题:

《劝学》中的"木受绳则直,金就砺则利"是否与古代的教育思想有关?

《道德经》这篇文言文的创作背景是什么?如何理解它的核心思想?

2.1.2.1 《劝学》

问:

"青,取之于蓝,而青于蓝;冰,水为之,而寒于水。木直中绳,輮以为轮,其曲中规。虽有槁暴,不复挺者,輮使之然也。故木受绳则直,金就砺则利,君子博学而日参省乎己,则知明而行无过矣。"

请帮我将以上这段取自《劝学》(荀子)的文言文翻译成白话文,要求措辞精准。

答:

这段文言文出自《荀子·劝学》,以下是精准的白话文翻译:

青色是从蓝草中提取出来的,但比蓝草的颜色更深;冰是由水凝结而成的,但比水更寒冷。木材笔直得符合墨线的标准,但通过加热弯曲后可以做成车轮,其弯曲的程度也能符合圆规的标准。即使木材经过暴晒而干枯,也不会再恢复挺直,这是因为经过加工使它变成了这样。所以,木材经过墨线的校正才能变得笔直,金属经过磨刀石的打磨才能变得锋利,君子广泛学习并且每天多次反省自己,就能智慧明达而行为没有过失了。

这段文字通过比喻强调了学习和自我反省的重要性,指出人通过不断学习和自我提升,可以达到更高的境界。

这段 DeepSeek 的翻译整体上是准确的且较为流畅,能够传达《劝学》的原意。语言上比较简洁、现代,符合白话文的表达习惯,不生硬,易于理解。

2.1.2.2《道德经》

问:

"道可道,非常道;名可名,非常名。无名天地之始,有名万物之母。故常无,欲以观其妙;常有,欲以观其徼。此两者同出而异名,同谓之玄,玄之又玄,众妙之门。"

请帮我将以上这段取自《道德经》(老子)的文言文翻译成白话文,要求措辞精准。

答:

这段文言文出自《荀子·劝学》,以下是精准的白话文翻译:

青色是从蓝草中提取出来的,但比蓝草的颜色更深;冰是由水凝结而成的,但比水更寒冷。木材笔直得符合墨线的标准,但通过加热弯曲后可以做成车轮,其弯曲的程度也能符合圆规的标准。即使木材经过暴晒而干枯,也不会再恢复挺直,这是因为经过加工使它变成了这样。所以,木材经过墨线的校正才

> 能变得笔直，金属经过磨刀石的打磨才能变得锋利，君子广泛学习并且每天多次反省自己，就能智慧明达而行为没有过失了。
>
> 　　这段文字通过比喻强调了学习和自我反省的重要性，指出人通过不断学习和自我提升，可以达到更高的境界。

这段翻译有效地保留了原文中"无"与"有"、常与变、玄妙的对比关系，尤其是"宇宙万物在产生之初本没有名称，它是'无'的状态"这一句，对"无名天地之始"的解读恰到好处，传达了道家哲学中"无"的概念。不过，个别词句上的翻译稍显平直，总的来说这段翻译忠实于原意，语言清晰，对于学生自学文言文具有一定的参考意义。

但是，如果对于 DeepSeek 初步生成的《道德经》内容翻译，学生感觉仍然难以理解，我们尝试进一步提问，让 DeepSeek 说得再直白一些，问："能不能说得再直白一些，让我更容易理解？"

> （接上）
>
> **问：**
>
> 能不能说得再直白一些，让我更容易理解？
>
> **答：**
>
> 能用语言说出来的"道"，并不是那个永恒不变的"道"；能用名字称呼的"名"，也不是那个永恒不变的"名"。"无"是天地的起点，"有"是万物的开端。所以，从"无"中，我们可以观察道的奥妙；从"有"中，我们可以观察道的边界。"无"和"有"其实是一回事，只是名字不同，它们都非常深奥，深奥又深奥，是一切奥妙的源头。

> 简单来说，这段话的意思是：
> 真正的"道"是无法用语言完全描述的，它超越了名字和概念。"无"和"有"是理解世界的关键，它们看似不同，但其实是一体的，是一切奥秘的根源。

可见，DeepSeek 在学生的要求下，给出更直白的翻译，让人更容易理解。翻译思路上，DeepSeek 已经把老子第一章中"道"的不可言说性、"无""有"对世界的阐释，以及二者同源的精义表达清楚。行文比较流畅，且适合初学者用来把握大意，是一个不错的意译。

2.1.3 古诗词

在当代社会，借助 DeepSeek 技术，学生在学习古诗词时不再感到困惑或困难。DeepSeek 的快速分析、归纳和智能推理能力，使得学生能够高效地获取相关答案解析。无论是对诗词的字句含义、修辞技巧，还是对诗人的生平与创作背景，DeepSeek 都能提供即时的帮助。学生如果遇到不理解的部分，可以直接向 DeepSeek 提问，获得精准的解答。学生还可以将与诗词相关的资料、文献或疑问输入 DeepSeek，让其进行综合分析与判断，从而获得更加全面的理解。

句子翻译类问题：

请将"床前明月光，疑是地上霜"翻译成现代汉语。

"无可奈何花落去，似曾相识燕归来"这两句的意思是什么？

"大漠孤烟直,长河落日圆"的现代汉语翻译是什么?

意境分析类问题:

《静夜思》表达了作者什么样的情感?

"无可奈何花落去,似曾相识燕归来"这两句表达了作者什么样的情感?

"床前明月光,疑是地上霜"的意境如何理解?

2.1.3.1《登鹳雀楼》

《登鹳雀楼》

王之涣(唐)

白日依山尽,黄河入海流。

欲穷千里目,更上一层楼。

问:

请将《登鹳雀楼》翻译成现代汉语。

答:

夕阳依傍着西山缓缓落下,滔滔黄河奔流入海。如果想要眺望千里之外的风景,那就再登上一层高楼。

DeepSeek 的翻译在传达意思上是准确的,但如果希望对诗句有更深层的了解,可以继续提问,并且朝着相关的方向引导 DeepSeek。

接上

问：

这首《登鹳雀楼》的创作背景是什么？表达了诗人怎样的心境？

答：

《登鹳雀楼》是唐代诗人王之涣创作的一首五言绝句，诗人登楼远望，写出了眼前景色的辽阔与心境的豁达。这首诗的创作背景与其所在的时代密切相关。王之涣生活在唐代初期，这个时期社会相对稳定，国家政治盛世，社会风气开放，文人开始追求个人的精神境界与自然的和谐美。王之涣作为一名官员，登高望远的诗意表达了他对人生、理想，以及自我心境的感悟。

这首诗的表达有以下几个层次：

（1）开阔视野，胸怀壮丽

诗人通过对登高远望的描绘，传达了远大的理想和追求。首句"白日依山尽"以宽广的自然景象引入，接下来的"黄河入海流"则展现了大自然的浩渺气势。通过这两个场景，诗人展现了大自然的辽阔与无尽，正如诗人自己心中所追求的广阔天地。

（2）积极向上的心境

最后一句"欲穷千里目，更上一层楼"揭示了诗人积极进取、不断追求更高境界的心态。这里的"更上一层楼"不仅是字面上的物理升高，也是诗人内心世界的升华，寓意着不断追求更高的理想和目标。诗人以登楼为象征，表达了对未来的向往和探索精神。

（3）豁达心境：

整首诗通过对自然景象的描写，反映出诗人内心的豁达与开朗，正如登高楼一样，心境逐渐开阔，达到了精神上的"更上一层楼"。这也体现了王之涣本人的积极人生观，象征着不畏前路艰难、奋勇向前的坚定信念。

总体来说，《登鹳雀楼》通过自然景色的描写，表达了诗人追求理想、积极向上、心胸开阔的豁达心境，蕴含着对更高人生目标的不懈追求，更是他人生哲理的深刻体现，展现了他那昂扬向上的进取精神。

经过进一步提问,对于创作背景和诗人心境的追问,DeepSeek 给出更加详细的答案,内容翔实,让学生可以从多个角度深度理解古诗。

2.1.3.2 《送杜少府之任蜀州》

《送杜少府之任蜀州》

王勃(唐)

城阙辅三秦,风烟望五津。

与君离别意,同是宦游人。

海内存知己,天涯若比邻。

无为在歧路,儿女共沾巾。

问:

请将《送杜少府之任蜀州》翻译成现代汉语。

答:

《送杜少府之任蜀州》是唐代诗人王勃的作品,以下是这首诗的现代汉语翻译:

城阙辅三秦,风烟望五津。

(长安城巍峨壮丽,三秦大地环绕护卫;遥望蜀州方向,风烟弥漫,五津隐约可见。)

与君离别意,同是宦游人。

(与你分别的心情,我们都一样,因为都是为了仕途而漂泊在外的人。)

海内存知己,天涯若比邻。

(只要四海之内有知心朋友,即使远在天涯海角,也感觉像近邻一样亲近。)

无为在歧路，儿女共沾巾。

（不要在分别的路口像小儿女一样伤感落泪，让泪水沾湿手巾。）

这首诗表达了诗人对友人的深情厚谊和豁达乐观的胸怀，尤其是"海内存知己，天涯若比邻"一句，成为千古名句，广为传颂。

向 DeepSeek 提问，请求将《送杜少府之任蜀州》翻译成白话文，DeepSeek 迅速给出答案，不过答案稍显程式化，所以对其进一步提问，优化答案。

接上

问：

回答过于程式化，请调整用语，要求更加符合口语化，并且贴近现实。

答：

好的，我来用更口语化、贴近现实的方式翻译《送杜少府之任蜀州》：

城阙辅三秦，风烟望五津。

（长安城高大雄伟，三秦大地环绕着它；远远望去，蜀州那边风烟缭绕，五津渡口隐约可见。）

与君离别意，同是宦游人。

（咱俩今天分别，心里都不好受，毕竟都是为了工作东奔西走的人。）

海内存知己，天涯若比邻。

（只要心里有真朋友，就算隔得再远，也感觉像邻居一样亲近。）

无为在歧路，儿女共沾巾。

（别在分别的路口像小孩子一样哭哭啼啼，搞得手帕都湿透了。）

这样翻译是不是更接地气一些？其实这首诗的核心就是：朋友之间即使分开，心也是连在一起的，没必要太伤感。就像现在，虽然大家可能天各一方，但只要有微信、电话，随时都能联系，距离根本不是问题！

再次提问后，DeepSeek 给出更加自然且贴合诗文原作情感的答复，同时带有情感和氛围的渲染。更重要的是，DeepSeek 还把诗文所营造的写意和现代社会朋友联系的实际情形联系起来。

当然，如果学生对于诗文中的主角杜少府感兴趣，还可作为知识拓展发散，向 DeepSeek 继续提问。

接上

问：

你能告诉我更多关于杜少府的信息吗？

答：

在唐代，县尉一职常被尊称为"杜少府"，这一称呼尤为引人注目的，是王勃在其名篇《送杜少府之任蜀州》中提及的那位友人。以下是对这位杜少府更为详尽的描绘：

（1）身世

官职身份：杜少府，即唐代县尉的雅称，而本文所论的杜少府，正将踏上前往蜀州（现今四川省崇州市）担任县尉的旅程。

出身之谜：关于杜少府的身世，众说纷纭。一说他是开国功臣杜立德的第四子，人称杜三德，因其诚信、上进、善良的品质而备受友人推崇。另一说则指，此杜少府或即唐代文豪杜审言，他乃杜甫之祖父，曾任蜀川县尉，文采斐然，名垂青史。然而，历史的长河中，杜少府的确切身份犹如迷雾中的珍珠，难以捉摸。

（2）性情

从王勃的诗句间，我们仿佛能窥见杜少府的内心世界。他是一位豁达开朗、珍视友情的君子。面对即将远赴他乡的离别，他并未沉溺于哀愁之中，而是以一种积极向上的心态，迎接新生活的挑战与机遇。

> （3）背景
>
> **历史背景**：杜少府赴任蜀州之际，正值唐朝盛世，国家繁荣昌盛，文化艺术璀璨夺目。蜀州作为西南地区的政治、经济、文化中心，汇聚了众多文人墨客，他们在此交流思想，碰撞灵感。杜少府的赴任，不仅是一次公务之旅，更是一次文化之旅，一次心灵的洗礼。
>
> **深远意义**：杜少府与王勃之间的深厚友谊，以及王勃为其所作的《送杜少府之任蜀州》一诗，成了流传千古的佳话。这首诗不仅表达了诗人对友人的深情厚谊，更展现了诗人旷达的胸怀和乐观的人生态度。它跨越时空的界限，将人们的情感紧密相连，彰显了诗歌的永恒魅力。同时，它也启示我们，无论身处何地，无论面临何种境遇，都应保持一颗豁达乐观的心，珍惜友情，勇往直前。

向 DeepSeek 提问"你能告诉我更多关于杜少府的信息吗"，DeepSeek 从杜少府的身世、性情，以及这首诗的创作背景等方面进行介绍，内容翔实，能给学生提供非常丰富的资料参考。

2.2 提升写作能力好助手

学生可以利用 DeepSeek 在多个方面有效提高自己的作文写作能力,尤其是在构思、语言表达、结构安排和修改优化等方面,DeepSeek 的辅助作用非常明显。

2.2.1 创作灵感

学生可以利用 DeepSeek 辅助写作,提高自己的写作能力,最直观的体现就在于 DeepSeek 能够为学生提供创作灵感。

在具体的操作过程中,学生可以把自己的写作想法向 DeepSeek "交代"一下,以便获取创作灵感。

常见的提问方法或模板如下:

我需要写一篇关于【主题】的议论文,请提供一些有说服力的论据和观点。

请给我一些关于【主题】的背景信息,我可以用它来构建我的作文结构。

我想写一篇描写【人物/景象/事件】的作文,能否给我一些灵感?

写作一篇关于【主题】的作文时,我应该避免哪些常见的错误?

我想写一篇感人的关于【主题】的文章,能帮我提供一些情感相关的元素吗?

我在写一篇关于【主题】的创意作文时,如何让文章更具想象力和艺术感?

作文示例一,如图 2-1 所示。

作文题目:《当科技遇上传统:在现代社会中守护文化遗产的挑战与机遇》。

写作要求:①结合现实生活,探讨科技发展对传统文化遗产保护的影响。②分析科技如何在保护和传承文化遗产方面提供新机遇的同时可能带来的挑战。③提出自己对未来文化遗产保护的看法,及如何平衡现代科技与传统文化之间的关系。

字数要求:600 字。

作文题目:《当科技遇上传统:在现代社会中守护文化遗产的挑战与机遇》。
写作要求:①结合现实生活,探讨科技发展对传统文化遗产保护的影响。②分析科技如何在保护和承文化遗产方面提供新机遇,同时也可能带来挑战。③提出自己对未来文化遗产保护的看法,及如何平衡现代科技与传统文化之间的关系。
字数要求:600字。

当科技遇上传统:在现代社会中守护文化遗产的挑战与机遇

敦煌莫高窟的壁画正在数字世界中获得永生。通过高精度扫描和三维建模技术,千年壁画被完整地保存在数字档案中,即使实物因岁月侵蚀而褪色,数字世界中的它们依然鲜艳如初。这让我们看到,科技正在为文化遗产保护打开一扇新的大门。

科技为文化遗产保护提供了前所未有的机遇。故宫博物院利用VR技术,让观众身临其境地体验古代宫廷生活;大英博物馆通过3D打印,复原了残缺的古代雕塑;人工智能技术甚至能够破译古老的文字,解开历史谜团。这些创新不仅让文化遗产得到更好的保存,更让它们以更生动的方式走进现代人的生活。

但科技也是一把双刃剑。过度依赖数字化保存可能导致人们对实物保护的忽视,虚拟世界的完美呈现可能削弱人们对真实文物的敬畏之心。更值得警惕的是,一些地方为了追求科技感,在文化遗产保护中滥用声光电技术,破坏了原有的历史氛围。就像一位学者所说:"当科技的光芒太过耀眼,文化的温度可能会被掩盖。"

面对挑战,我们需要找到科技与传统的平衡点。在苏州园林的保护中,工作人员既运用现代材料加固古建筑,又严格遵循传统工艺进行修复;在西安碑林的数字化过程中,专家们既建立详细的数字档案,又特别注重保持石碑的历史质感。这些实践告诉我们,科技应该成为传统文化的守护者,而不是替代者。

站在数字时代的门槛上,我们既要拥抱科技的进步,又要保持对传统的敬畏。让科技为传统文化注入新的活力,让传统文化为科技发展提供精神滋养,这才是文化遗产保护的应有之义。正如敦煌研究院的专家所说:"我们要用科技之手,托起传统文化的未来。"在这个科技日新月异的时代,守护文化遗产不仅是对过去的尊重,更是对未来的承诺。

图 2-1 作文示例

提问后，DeepSeek 可根据学生所提供的题目给出作文写作灵感，而且也指出写作过程中的常见错误，帮助学生做好规避。

作文示例二，如图 2-2 所示。

作文题目：《如果我能穿越时空，带着今天的智慧回到过去》。

写作要求：①设想你能够穿越时空，回到某个历史时期或特定的事件中，你会选择什么时候、在哪里？②描述你带着现代的知识，如何在那个历史时期发挥作用？③通过这个设定，思考"时间"的意义。

写作提示：可以结合一些历史人物、历史事件来展开构思，或加入一些创新的想法。

如果我能穿越时空，带着今天的智慧回到过去

我选择在光绪二十年春，黄海咸湿的海风裹挟着火药味扑面而来时降落在天津机器局。这座洋务运动的标志性工厂里，蒸汽机轰鸣声中夹杂着工匠们打磨克虏伯炮管的声响，而我知道，半年后这些耗费巨资打造的武器将在甲午海战中沉入冰冷的海底。

作为李鸿章的幕僚，我带着现代管理学的知识重组北洋水师。当发现炮弹填充黑火药的原始配方时，我连夜绘制硝化甘油制备流程；面对水兵训练流于形式的现状，我引入现代军事学院的沙盘推演系统；更将《海权论》的核心观点译成文言，提醒这位"东方俾斯麦"：海军不仅是坚船利炮，更是国家意志的延伸。某个深夜，李中堂抚摸着定远舰模型突然发问："你说这铁甲舰，真能挡住日本人的速射炮吗？"我分明看见他眼底映着天津港的灯火，像即将熄灭的烛光。

在旅顺军港，我用手机拍摄下日本间谍活动的证据，却在显影液里看着胶片上的影像逐渐模糊——这个时空拒绝留下未来的痕迹。于是我转而推动建立近代情报体系，在烟台开办电报学堂，用摩尔斯电码训练出中国第一批密码破译员。当发现北洋将领私吞煤炭经费时，我设计出会计复式记账法，却被官场潜规则碾得粉碎。这些挫败让我顿悟：技术可以跨越时空，但人性的弱点永远横亘在历史面前。

离黄海海战还有三天，我把记载未来百年国运的日记本交给邓世昌。这位管带抚摸着烫金的封面苦笑道："纵知天命，仍需尽人事。"这句话如惊雷般劈开我的执念：时间不是可以随意涂改的草稿纸，每个时代都有其必须经历的阵痛。穿越者能带来的不应是金手指般的解决方案，而是让先行者看清历史进程的必然与应然。当致远舰依然义无反顾地撞向吉野舰时，我站在刘公岛炮台上，终于懂得李鸿章晚年"裱糊匠"自喻的悲凉与清醒。

回到现代的飞机上，我看着平流层下的渤海湾，突然明白真正的穿越早已发生：张謇带着状元头衔投身实业，詹天佑在青龙桥设计出"人"字形铁路，这些带着未来眼光的古人，何尝不是他们时代的穿越者？时间给予人类最珍贵的馈赠，或许正是这种在局限中开拓可能性的勇气。此刻我笔记本上的"明治维新全记录"正在字迹模糊，但那些与李鸿章彻夜长谈时画下的铁路规划草图，分明正在胶济铁路的汽笛声中徐徐展开。

图 2-2 作文示例

DeepSeek 根据《如果我能穿越时空，带着今天的智慧回到过去》作文题目，所给出的写作灵感比较丰富。DeepSeek 建议学生虚构回到唐朝的故事，结合绘画、文化内容，凸显文化交流和传承的重要性，具有一定的思想高度，可以作为作文写作的参考。

2.2.2 内容优化

DeepSeek 具有文字归纳总结，以及深度分析的能力，学生在完成初步写作之后，如果对自己的作文不甚满意，或者想要追求更高的层次，可以请 DeepSeek 对作文进行优化。DeepSeek 具有文字归纳总结，以及深度分析的能力。

将初稿发给 DeepSeek 后，AI 大模型快速分析并给出优化方案，具有针对性，能够"直击痛点"，帮助学生优化文章。以下面这篇作文为例，尝试对其进行优化。

作文案例一

> 题目：《那一刻，我懂得了责任》
> 在我成长的过程中，有很多瞬间让我深刻地感受到责任的重量。然而，最令我铭记的一次，发生在我小学六年级的时候。
> 那是一个阳光明媚的下午，我们班举行了一次班级活动。活动结束后，大家都匆匆忙忙地离开教室，只剩下我一个人还在收拾东西。正当我准备关灯时，突然听到教室门外有急促的脚步声。回头一看，原来是班长小李，她脸色有些焦急地走了进来。

"小张,你看到我的作业本了吗?"她问道。

我愣了一下,心想:作业本明明在她书桌上,怎么会不见了?于是,我开始帮助她四处寻找。经过一番搜寻后,我发现作业本正好掉在了讲台旁边的角落里。看到作业本时,小李松了一口气,但她的表情却依然有些紧张。

"真是太麻烦了,我差点就忘记了作业本的事,幸好你在这里。"她感激地说。

"没关系,班长。你要记得,下次可不能忘了这些事情。"我笑着回答。

她点了点头,带着作业本走出了教室。这一瞬间,我突然明白了一个道理:责任,不仅仅是对自己的要求,更是对他人、对集体的担当。在那个时候,我不仅帮班长找回了作业本,更让我意识到,自己作为班级的一员,肩上的责任远比我想象的要重。每一件小事,都可能关系到集体的整体利益,而每一个细节,都是对他人和集体的尊重。

那一刻,我深刻体会到,责任不仅仅是口头上的承诺,它需要我们在行动中去履行。从那以后,无论是在学习还是生活中,我都更加注重自己的每一项责任,因为我知道,只有当每个人都尽到自己的责任,集体才会更加和谐美好。

这篇作文整体上来看没有太大的问题,但是作文的内容显得有点简单、空洞,把作文发给 DeepSeek,请它进行润色。

问:

题目:《那一刻,我懂得了责任》……对该作文进行润色、优化和完善,让人物更加鲜活饱满,让整个事件显得更加丰满。

答:

题目:《那一刻,我懂得了责任》

在我的成长过程中,有许多瞬间让我深刻地体会到了责任的重量。然而,最令我铭记的一次,发生在我小学六年级的那个阳光明媚的下午。

那天，我们班举行了一次班级活动，大家都积极参与，气氛热烈。活动结束后，班级里充满了欢声笑语，大家纷纷收拾自己的东西，准备离开教室。每个人都匆匆忙忙地离开了教室，只剩下我一个人还在收拾东西，习惯性地整理好自己的课桌，准备关灯时，突然听到了急促的脚步声。我下意识地回头，看见班长小李气喘吁吁地走了进来，脸色有些焦急，显得有些慌乱。

"小张，你看到我的作业本了吗？"她急切地问道，眼神四处扫视着。

我愣了一下，心中一阵疑惑：作业本明明在她的书桌上，怎么会突然不见了？于是，我立刻放下手中的工作，跟着她开始了四处寻找。我们从书桌翻到讲台，甚至翻动了每一张椅子，依然没有找到。此时，小李的眉头紧锁，心中显然焦虑不已。看到她那么着急，我的心里也不禁紧张了起来。

终于，在讲台的角落里，我发现了那本被不小心滑落的作业本。它安静地躺在角落里，像一个失落的小孩等待着被发现。当我把它捧到她面前时，小李松了一口气，但她的脸上依然写满了焦虑和愧疚。

"真是太麻烦了，幸好你在这里，要不然我真不知道怎么办。"她感激地说，声音中带着些许自责。

我笑了笑，摆摆手说道："没关系，班长。下次可不能再这么粗心了，毕竟，这可是关乎整个班级的事。"我的话语透着几分轻松，但心底却有着一股责任感的涌动。

她点了点头，眼中闪过一丝歉意，然后带着作业本走出了教室。看着她渐渐远去的背影，我突然感觉到一种从未有过的沉甸甸的责任感。

这一瞬间，我突然明白了一个道理：责任，不仅仅是对自己的要求，更是对他人、对集体的担当。那一刻，我意识到，自己作为班级的一员，肩上的责任远比我想象的要重。每一件小事，都可能关系到集体的整体利益，而每一个细节，都是对他人和集体的尊重。

责任，不再是一个空洞的词语，它变得触手可及，它从我的行动中悄然流淌。那时候，我意识到，班级的和谐需要每一个成员的共同承担，而责任的真正意义，正是在于我们每一个人的自觉履行。从那以后，无论是在学习上，还是生活中，我都更加注重每一项责任。无论是为他人分担小小的麻烦，还是在自己的岗位上尽心尽力,我都明白了,只有每个人都履行自己的责任,集体才能更加和谐美好。

那一刻,我懂得了责任的真正含义,也明白了它在生活中的每一个细节中闪现的身影。责任是一种自觉,是一种担当,它不仅仅关乎个人,更关乎集体和社会。当每一个个体都能够认真对待自己的责任时,整个集体才会充满活力和希望。而这,也正是我在那个阳光明媚的下午,从一次简单的帮助中学到的宝贵人生课题。

优化后的内容相比原文在多个方面有所提升,展现了更为鲜活、饱满的人物形象与情感层次。在优化后的内容中,班长小李的焦虑和愧疚情感得到了更细腻的描绘。她的紧张不只体现在言语中,还通过她的神态、眼神和行为更深入的展现。这让人物形象更加生动,读者能够更好地感受到她的心理变化。优化后的版本通过细化细节,增强了故事的情节张力。例如,小李的焦急,找到作业本时的松一口气,以及随后对责任的自觉都有更加真实的情感表现,这种细腻的描写让整个事件显得更加丰满。总之,优化后的文章更加生动、感人,人物形象更有层次,情节更加丰满,"责任"这一主题也得到了更深刻的展现。整体的情感表现更自然,语言更加流畅,具有较强的感染力。

作文案例二

问:

请帮我优化作文《未来的科技世界》,要求字数600,用语流畅,适当运用修辞手法,具有一定的趣味性。

随着科技的飞速发展,未来的世界将变得更加智能和便捷。我们常常听到"人工智能""自动驾驶""虚拟现实"这些新词,它们正逐步改变我们的生活方式。在未来的城市里，自动驾驶的汽车将成为常态。交通工具不再需要人类驾驶员，车内的智能系统将根据道路状况自动调整速度和路线，大大减少了交通事故的发生。与此同时，人工智能助手将无时无刻地陪伴在我们身边。它们不仅能为我们处理日常事务，还能根据我们的需求提供个性化的建议，从而使我们的生活更加高效和舒适。虚拟现实技术也将在教育、娱乐等领域发挥巨大的作用。学生们可以通过VR技术身临其境地学习历史，体验不同的文化背景，甚至参与虚拟实验。游戏玩家则可以进入全新的虚拟世界，与朋友们一同冒险、竞技。尽管未来充满了无限的可能性，但也伴随着一些挑战。如何平衡科技与人类之间的关系，如何避免过度依赖机器，这些问题值得我们深思。在追逐科技进步的同时，我们更应注重人类的价值和精神文明的提升。未来的科技世界将是一个充满机遇和挑战的世界，我们要用智慧和责任去迎接它。

答：

《未来的科技世界》

随着科技日新月异的发展，未来的世界将焕发出前所未有的光彩。许多曾经停留在科幻电影中的设想，如今正变得触手可及。人工智能、自动驾驶、虚拟现实，这些新兴的科技术语，正悄然改变着我们的生活方式，带给我们无尽的可能性。

在未来的城市中，自动驾驶的汽车将成为街头的常客。告别传统的手动驾驶，我们不再需要操控方向盘，车内的智能系统将根据实时的道路信息和交通状况，自主调整速度和行驶路线。无论是白天的繁忙街道，还是夜晚的寂静小道，车辆都能精准无误地行驶，大幅减少了交通事故的发生，甚至可以让我们在通勤时享受一段安静的阅读时光，或是闭上眼睛小憩片刻，轻松度过每一天。

而在日常生活中，人工智能助手将成为我们的"贴心小助手"。它们不再是科幻作品中的高大上存在，而是成为我们生活中必不可少的一部分。无

> 论是早晨的天气预报，还是临时的日程安排，AI 助手都能迅速响应，为我们提供最合适的建议。它们不仅能记住我们的偏好，还能根据我们的需求，智能地优化生活细节，使我们的日常生活变得更加高效和舒适。比如，它可以根据个人健康状况，建议我们何时该去健身，何时该放松，帮助我们找到身心的最佳平衡。
>
> 　　然而，科技的飞速发展也带来了一些不容忽视的挑战。我们如何保持科技与人类之间的平衡，如何避免过度依赖机器，这些问题亟待我们深思。
>
> 　　未来的科技世界充满了无限的可能性，它将带给我们更多的机遇，同时也考验着我们如何在追逐科技进步的同时，坚守人类的独特价值。面对这个充满奇迹与挑战的未来，我们每个人都应以智慧和责任，去迎接这一场科技的盛宴，让它成为我们美好生活的催化剂，而非主宰。

优化之后的作文基本符合字数要求，共计约 660 字符，用语流畅，逻辑比较连贯，而且运用了比较丰富的修辞手法，充分展现了文章的主旨——科技的魅力，相比于作文的原始版本，优化之后的作文仿佛被赋予了灵魂，可读性和文学性更强。

2.3 历史知识整理归纳

学生利用 DeepSeek 整理归纳历史知识，是一种非常有效的学习方式。DeepSeek 能够帮助学生提高学习效率、梳理知识框架，并促进理解和记忆。而且伴随着 AI 技术的加持，学习历史的过程也不会枯燥乏味。

2.3.1 生成历史人物生平时间轴

人类发展的历史是由时间所串联起来的，了解重要历史人物的生平与关键时间点，就能够在脑海中串起许多重要的事件，加深学生自己对于历史发展脉络了解的程度，而这一切可以利用 AI 来完成。

第一步：

学生要预先收集历史资料，比如某个历史人物的生平记录，通过互联网搜索的方式即可完成，学生可从具有一定权威性的网页浏览相关资料并保存下来。

第二步：

学生要将资料稍加整理后发送给 DeepSeek，可以选择直接在对话框复制粘贴，也可通过文件上传的方式发送给 DeepSeek。

第三步：

学生要请 DeepSeek 将烦琐的大量文字内容归纳整理成一目了然的生平时

间轴，以便于学生快速记忆（本节以著名历史人物司马迁为例）。如图2-3、图2-4所示。

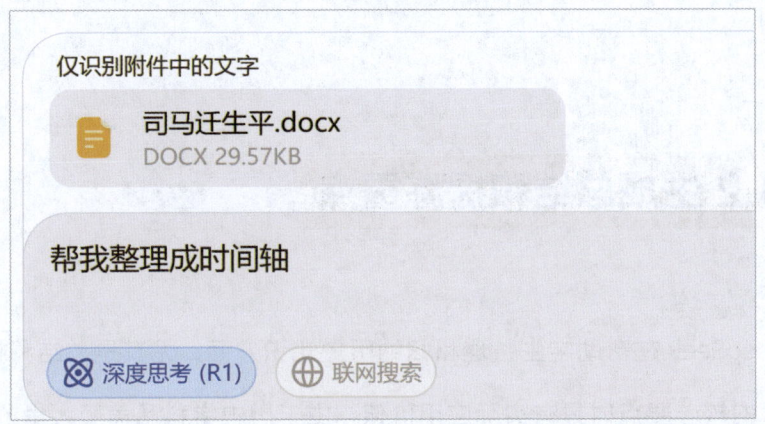

图 2-3 司马迁生平时间轴

司马迁生平时间轴

早年经历

西汉景、武年间：司马迁出生于黄河龙门的一个小康之家。祖父司马喜用四千石粟米换取九等五大夫的爵位，全家得以免于徭役。

幼年：在父亲司马谈的指导下习字读书，十岁时已能阅读诵习古文《尚书》《左传》《国语》《系本》等书。

汉武帝建元年间：司马谈到京师长安任太史令，司马迁留在龙门老家，继续耕读放牧的生涯。

学游天下

二十岁：司马迁开始游历天下，从长安出发，经过武关、襄樊、江陵、九疑山、庐山、钱塘、会稽、吴、姑苏、淮阴、临淄、曲阜等地，考察各地文化，搜集遗闻古事。

回朝为官

汉武帝元鼎六年（前111年）：司马迁随汉武帝东行巡幸缑氏，随后出使西南，筹划新郡的建设，抚定邛、莋、昆明等地。

父授遗命

汉武帝元封元年（前110年）：司马谈因病未能参加封禅大典，弥留之际嘱托司马迁完成编撰历史的计划。司马迁承诺完成父亲的遗愿。

图 2-4 司马迁生平时间轴

把文档上传至 DeepSeek，请其生成司马迁生平时间轴。在较短的时间内，DeepSeek 完成了文档资料阅读，并且生成言简意赅的内容，可供学生更加高效地阅读和记忆。

2.3.2 生成总结和提炼重点

DeepSeek 在帮助学生整理和归纳历史知识方面，尤其是总结和提炼历史事件的核心要点时具有实际应用价值。由于历史学科涵盖了大量的事件、人物和复杂的时间背景，导致学生在面对这些信息时会感到繁杂和困惑。在 DeepSeek 的强力辅助下，学生能够学会紧抓历史事件的主旨，并且系统理解事件与事件的内在联系。

在具体的应用过程中，学生可以将难以理解的重难点内容发送至 DeepSeek，收到内容后，DeepSeek 借助文本分析功能，快速提炼事件要点，生成简明总结，帮助学生了解历史内容。如图 2-5、图 2-6、图 2-7 所示。

例如，学生输入一篇描述"法国大革命"的历史文章，DeepSeek 能够自动提炼出大革命的主要原因，如启蒙思想的传播等；接着，它会归纳出革命的主要过程，包括攻占巴士底狱、路易十六的被捕与处决等关键事件；最后，它还会总结出革命的结果，包括法国社会结构的变化和拿破仑的崛起等历史后果。通过这种方式，避免学生在海量信息中浪费时间，确保他们掌握历史的核心内容。

开元盛世基本内容总结

开元盛世，又称开元之治，是唐朝在唐玄宗统治时期达到的鼎盛阶段。唐玄宗即位后推行了一系列改革措施，任用姚崇、宋璟等贤能之士，整顿官僚体系，提升行政效率，使唐朝国力达到前所未有的高度。

在政治方面，唐玄宗对政府机构进行了系统改革，修订法律条文，严格考核官吏，有效提高了治理能力。经济上采取打击豪强、解放劳动力、改革食封制度等政策，既增加了财政收入，又减轻了平民负担。同时抑制佛教势力扩张，将更多资源投入农业生产。军事领域实行兵制改革，在边疆广设屯田，并在东北地区新设靺鞨都督府、室韦都督府等多个行政机构，首次将整个东北地区纳入中央政权有效管辖范围。

文化教育得到空前重视，通过倡导儒学、抑制佛教的政策，培养了大批人才。唐玄宗还注重改善与周边民族的关系，促进了多民族文化交流与社会经济发展。这一时期社会各领域都取得显著成就，形成了"三年一上计，万国趋河洛"的盛况，各国使节纷纷前来朝贡。

开元年间社会经济繁荣程度前所未有，全国人口在天宝年间突破八千万。商业贸易蓬勃发展，国内交通网络完善，长安、洛阳、广州等国际都市汇聚了来自波斯、大食等地的商人，呈现出一派中外商贸往来频繁的繁荣景象。

图 2-5 开元盛世

陈桥兵变，又称陈桥驿兵变，是赵匡胤在960年发动的一场政变，最终取代后周，建立宋朝。959年，周世宗柴荣去世，七岁的周恭帝即位，赵匡胤与石守信、王审琦等将领掌握了军权。960年正月初一，传闻契丹联合北汉南下攻周，宰相范质等人未辨真伪，急派赵匡胤率军北上御敌。军队行至陈桥驿时，赵匡胤与赵普等人密谋策划，发动兵变，众将以黄袍加身，拥立赵匡胤为帝。随后，赵匡胤率军回师开封，京城守将石守信、王审琦开城迎接，胁迫周恭帝禅位。赵匡胤即位后，改国号为"宋"，定都开封，并封赏石守信等将领为节度使。这场兵变标志着宋朝的建立，结束了五代十国的混乱局面。

图 2-6 陈桥兵变

文艺复兴是14世纪到16世纪欧洲的一场思想解放和文化运动，标志着中古时代向近代的过渡。这场运动最先在意大利兴起，随后扩展到西欧各国，于16世纪达到顶峰，推动了欧洲文化、艺术、经济和科学技术的蓬勃发展。

历史背景

文艺复兴的发生与中世纪晚期的社会、经济和文化变化密切相关。11世纪后，随着欧洲经济的复苏与发展，城市逐渐兴起，生活水平提高，人们开始摆脱对现实生活的悲观态度，转而追求世俗生活的乐趣。这种转变与天主教会的禁欲主义主张相违背，尤其是在14世纪意大利城市经济繁荣的背景下，市民和世俗知识分子对天主教的神权地位及其虚伪的禁欲主义产生了强烈的反感。

意大利的兴起

意大利作为文艺复兴的发源地，具有独特的历史和文化条件。意大利各城邦经济繁荣，尤其是佛罗伦萨、威尼斯等城市，商业和手工业发达，积累了大量的财富。这些城市中的富裕商人和贵族成为艺术和文化的主要赞助者，推动了人文主义思想的传播。同时，意大利作为古罗马文化的发源地，保留了大量古典文化的遗产，这为文艺复兴提供了丰富的文化资源。

图 2-7 文艺复兴

2.4 史料翻译：让历史更易懂

利用 DeepSeek 软件，学生能够在历史学习中大大提高翻译史料的效率。在常规情况下，翻译史料需要掌握一定的语言能力，还要求深入理解原文的历史背景、文化背景以及当时的语言习惯，这对于学生来说，是一个不小的挑战，DeepSeek 简化了这一过程。

2.4.1 段落速译

DeepSeek 具有海量分析的能力，同时能完成快速检索，面对晦涩难懂的史料典籍，学生无须发愁，可以把这种内容发送给 DeepSeekI，请它完成段落速译。

提问公式：【文言文内容】+【翻译要求】+【可选（附加）信息】。

提问模板："学而时习之，不亦说乎……"请将其翻译成现代汉语，确保翻译准确且流畅。希望翻译能体现原文的韵味。

"山川之美，古来共谈。高峰入云，清流见底……"翻译成现代汉语，要求语言优美，能够传达原文的意境。

"道之以德，齐之以礼，有耻且格……"请翻译成现代汉语，并尽量保留原文的句式结构。希望翻译能突出原文的教育意义。

"先天下之忧而忧，后天下之乐而乐……"翻译成现代汉语，要求语言简洁明了，同时传达原文的深刻含义。希望翻译能适用于现代社会的语境。

当然，以下还有一些错误示范，是我们在具体的应用过程中要极力避免出现的情况，以表格的形式来呈现（表 2-2）。

表 2-2 文言文段落速译错误示范

错误示范编号	提问内容	存在问题
1	请帮我把一段古文翻译成现代汉语，要求简洁明了	缺少具体的文言文内容，AI 无法执行翻译任务
2	请将以下文言文翻译成现代汉语："学而时习之，不亦说乎？"要求翻译得生动有趣	"生动有趣"这一要求过于主观，难以量化，可能导致翻译结果不符合预期
3	请将这段文言文翻译成现代汉语，并告诉我它的历史背景。文言文内容是："锲而不舍，金石可镂。"翻译要求：语言简洁。附加信息：我最近对古文很感兴趣，希望多了解一些	附加信息中的"我最近对古文很感兴趣，希望多了解一些"与翻译任务本身无关，属于冗余信息
4	请将以下文言文翻译成现代汉语，要求既保留原文的修辞手法，又要语言通俗易懂。文言文内容是："高山流水，知音难觅。"但请确保翻译后的句子不要太长	"保留原文的修辞手法"可能导致翻译后的句子较长，而"又要语言通俗易懂"和"但请确保翻译后的句子不要太长"则可能要求翻译后的句子简短明了。这些要求可能自相矛盾，导致翻译者难以把握
5	请翻译这段古文	未明确指定是从古文翻译成现代汉语，还是从现代汉语翻译成古文，可能导致 AI 误解

2.4.1.1 《尚书·牧誓》

如图 2-8 所示。

> **问：**
>
> 【《尚书·牧誓》原文部分内容】+ 请将上述《尚书·牧誓》的内容翻译成现代汉语，要求言简意赅，语言简洁明了，同时意思完备，尽量还能从侧面彰显出古文所蕴含的深刻内涵。

周武王率领三百辆战车和三百名勇士，在牧野与商纣王决战，史称《牧誓》。在甲子日的黎明时分，武王到达商都郊外的牧野，发表誓词。他左手持黄钺，右手执白旄，挥动旗帜，说道："远道而来的西方战士们！"武王接着说："啊！我友邦的君主和官员们，司徒、司邓、司空，各位将领，千夫长、百夫长，以及庸、蜀、羌、髳、微、卢、彭、濮的勇士们，举起你们的戈，排列好你们的盾，竖起你们的矛，我要发表誓词了。"

这段誓词简洁有力，展现了武王在决战前的动员和决心，体现了古代战争中的纪律性和团结精神。

图 2-8 《尚书·牧誓》

2.4.1.2 《滕王阁序》

如图 2-9 所示。

> **问：**
>
> 【《滕王阁序》原文部分内容】+ 请将上述《滕王阁序》的内容翻译成现代汉语，要求用语流畅，措辞准确。

> 豫章是古代的郡名，洪都是新设的府城。这里星宿对应翼、轸二星，地理上连接衡山和庐山。它襟带三江，环绕五湖，控制着蛮荆之地，连接着瓯越地区。这里物产丰富，犹如天上的珍宝，龙光闪耀在牛斗星之间；人杰地灵，徐孺子曾使陈蕃为他放下床榻。雄伟的州城如云雾般排列，才俊如星辰般奔驰。城池位于夷夏交界之处，宾主都是东南地区的杰出人物。都督阎公享有崇高的声望，仪仗远道而来；宇文新州有美好的风范，车驾在此短暂停留。正值十日休假，良友如云；千里相迎，高朋满座。文采飞扬如蛟龙腾空、凤凰起舞，孟学士是文坛宗师；武艺高超如紫电青霜，王将军是武库中的佼佼者。家父在此任职，我路过这名胜之地；年幼无知，却有幸参加这场盛宴。
>
> 时值九月，正值深秋。积水退去，寒潭清澈；烟光凝结，暮山呈现紫色。驾着马车在高路上行进，探访风景于崇山峻岭之间。来到滕王阁的长洲，登上这宛如天人所居的旧馆。层叠的山峦耸立着翠绿，直插云霄；飞檐流丹的楼阁，仿佛悬在空中。鹤栖息的汀洲和野鸭聚集的小岛，极尽岛屿的曲折回环；桂木建造的宫殿，依山势而建。
>
> 推开雕花的门，俯瞰华丽的屋脊。山原辽阔，尽收眼底；河流蜿蜒，令人惊叹。房屋遍地，都是钟鸣鼎食的富贵人家；船只挤满渡口，都是装饰华丽的船只。云消雨停，阳光普照，天空明朗。落霞与孤鹜一同飞翔，秋水与长天融为一体。渔舟在傍晚歌唱，歌声响彻彭蠡湖畔；雁阵在寒风中惊飞，叫声消失在衡阳的水边。

图 2-9 《滕王阁序》

2.4.2 古字今义

在漫长的历史发展过程中，我国创造出灿烂的汉字文化，文字蕴含着悠久的发展历史，其中许多汉字具有多重含义，或者某些汉字的古今含义也产生了很大差别。在汉语言的学习过程中，学生有时会被汉字的古今含义所"迷惑"，借助 AI 的力量，能够让学生准确地了解汉字、认知汉字，探寻汉字背后的深刻文化底蕴。

2.4.2.1 字形解字

DeepSeek 能够帮助学生进行字形解析,通过分析字形结构,让学生了解汉字的含义,甚至理解字形的演变过程和规律。

案例:汉字"木"。

问:

请通过字形来详细解析汉字"木"的含义。

答:

汉字"木"是一个象形字,其字形和含义紧密相关。通过分析"木"的字形,可以更好地理解它的含义及其演变过程。

(1)字形解析

"木"字的甲骨文、金文和小篆字形都像一棵树的形状,具体表现为:

树干:字形中间的一竖笔代表树干,象征着树木的主体部分。

树枝:字形上部的分叉部分代表树枝,向两侧伸展,象征着树木的枝干。

树根:字形下部的分叉部分代表树根,向下延伸,象征着树木扎根于土地。

(2)含义解析

"木"字的本义是指"树木"或"木材",其字形直接反映了自然界中树木的形态。随着汉字的发展,"木"字的含义逐渐扩展,衍生出多种相关意义:

树木:指自然界中的植物,如"松木"、"柳木"等。

木材:指由树木加工而成的材料,用于建筑、家具等,如"木板"、"木料"。

木制品:指用木材制成的物品,如"木椅"、"木桌"。

五行之一:在传统文化中,"木"是五行(金、木、水、火、土)之一,代表生长、勃发的力量。

性格特征:引申为形容人的性格,如"木讷",表示朴实、迟钝。

（3）字形演变

甲骨文：最早的"木"字字形非常形象，像一棵有树干、树枝和树根的树。

金文：字形略有简化，但仍保留了树的基本形态。

小篆：字形进一步规范化，线条更加整齐，但仍能看出树的形状。

隶书、楷书：字形逐渐简化，失去了部分象形的特征，但整体结构仍然清晰。

（4）文化内涵

"木"字不仅是一个简单的象形字，还承载了丰富的文化内涵。在古代，树木象征着生命、成长和自然的力量。同时，"木"作为五行之一，与东方、春季、青色等概念相关联，体现了古人对自然界的理解和哲学思考。

总结

通过对"木"字的字形解析，可以看出其本义与树木密切相关，字形直接反映了树木的形态。随着汉字的发展，"木"字的含义逐渐扩展，衍生出多种相关意义，并在文化中占据了重要地位。

向 DeepSeek 下达指令"请通过字形来解析汉字'木'的含义"，DeepSeek 对汉字"木"进行全面解析，从甲骨文的字形，到汉字与文化的关系，甚至扩展至五行学说方面，让学生可以充分了解汉字"木"的文化意蕴。

案例：汉字"明"。

问：

请通过字形来解析汉字"明"的含义。

答：

汉字"明"的字形解析可以从其结构入手，结合其历史演变和文化内涵来深入理解其含义。

字形结构

"明"字是一个会意字,由"日"和"月"两个独体字组成。在甲骨文中,"明"字尚未形成固定的字形,但已有类似"日+月"的组合形式,表示光亮之意。到了金文和小篆时期,"明"字的字形逐渐稳定下来,形成了我们现在所见的"日+月"结构。

含义解析

(1)光亮:从字形上看,"明"字由"日"和"月"组成,分别代表太阳和月亮。太阳和月亮是自然界中最重要的两个光源,它们交替出现,为大地带来光明。因此,"明"字最直接的含义就是光亮、明亮。

(2)智慧与洞察:在古代文化中,光明往往与智慧、洞察等概念相关联。因为光明能够照亮黑暗,让人看清事物的本质。因此,"明"字也常被用来象征智慧、聪明和洞察力。例如,"明智"一词就表示有智慧、有远见。

(3)清晰与明确:由于光明能够消除模糊和混沌,使事物变得清晰可辨,因此"明"字也常被用来表示清晰、明确的意思。例如,"明确"一词就表示清楚、确定无疑。

(4)正直与公正:在古代社会中,光明还常被用来象征正直、公正和无私。因为光明无私地照耀着每一个人,不偏袒任何一方。因此,"明"字也常被用来表示正直、公正的品质。例如,"明君"一词就表示公正无私、英明神武的君主。

(5)未来与希望:在传统文化中,光明还常被用来象征未来和希望。因为光明代表着新的开始和无限的可能性它鼓舞着人们不断前行、追求更好的未来。因此,"明"字也常被用来表示未来、希望和憧憬。

综上所述,"明"字的字形结构直观地表现了太阳和月亮这两个光源的组合,而其含义则涵盖了光亮、智慧与洞察、清晰与明确、正直与公正以及未来与希望等多个方面。通过字形解析,我们可以更加深入地理解汉字"明"所蕴含的文化意义和历史价值。

2.4.2.2 通假字

通假字，指的是用读音或字形相同或者相近的字代替本字。在语文课本中，通假字非常多，熟知通假字，了解其读法和含义，也是深入学习古汉字的方式之一。

初中阶段的课文中，比较常见的通假字有：

"强""说""知""裁""不""有""坐""止"等，面对诸多通假字，学生有时会记不清或记混读音，通过 AI 能够准确查询，获得这方面的指导。

案例："项为之强"。

问：

"项为之强"的"强"是通假字，请帮我对该字进行解析。

答：

（1）字形解析

"强"字的本字是"彊"，由"弓"和"畺"组成：

弓：表示与力量、张力相关。

畺：表示边界、极限。

"彊"字的本义是指力量强大、坚韧不拔。后来，"强"字逐渐取代了"彊"，成为常用的字形。

（2）通假字解析

在"项为之强"中，"强"通"僵"，意为"僵硬"或"僵直"。这种通假现象在古汉语中较为常见，即用一个字形相近或发音相同的字来代替另一个字。

（3）含义解析

本义：力量强大、坚韧不拔。

> 通假义：僵硬、僵直。
>
> 在"项为之强"中，"强"表示脖子（项）因为某种原因（如长时间保持一个姿势）而变得僵硬。

案例："尊君在不"。

> **问：**
>
> "尊君在不"的"不"是通假字，请帮我对该字进行解析。
>
> **答：**
>
> "尊君在不"中的"不"是通假字，通"否"。
>
> （1）通假关系：在古代汉语中，"不"常用来代替"否"，表示疑问或否定。
>
> （2）句意解析：在"尊君在不"中，"不"即"否"，整句意为"您的父亲在吗？"或"您的父亲是否在？"。
>
> （3）用法背景：这种通假现象在古文中常见，反映了当时语言的灵活性。
>
> 总结："不"在此处通"否"，用于疑问句，询问对方父亲是否在场。

案例："共其乏困"。

> **问：**
>
> "共其乏困"的"共"是通假字，请帮我对该字进行解析。
>
> **答：**
>
> "共其乏困"中的"共"是通假字，通"供"。
>
> （1）通假关系：在古代汉语中，"共"常用来代替"供"，表示供给、供应。

(2)句意解析:在"共其乏困"中,"共"即"供",整句意为"供给他们的缺乏和困苦"。

(3)用法背景:这种通假现象在古文中常见,反映了当时语言的灵活性。

总结:"共"在此处通"供",表示供给、供应的意思。

案例:检查通假字并解释,如图 2-10 所示。

课文《荆轲刺秦王》文中通假字检查与解释。

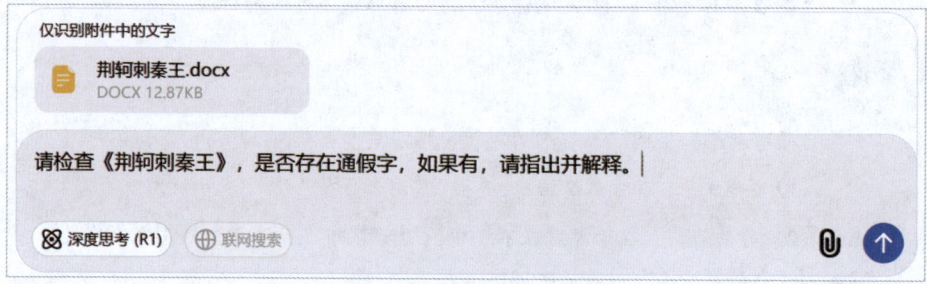

图 2-10 字形解析汉字"木"

在《荆轲刺秦王》一文中,存在一些通假字。以下是主要的通假字及其解释:

(1) "说"通"悦":

原文:"秦王必说见臣。"

解释:"说"在这里通"悦",表示高兴、愉快的意思。整句意为"秦王一定会高兴地接见我。"

(2) "振"通"震":

原文:"燕王诚振怖大王之威。"

解释:"振"在这里通"震",表示震动、恐惧的意思。整句意为"燕王确实被大王的威势所震慑。"

(3) "见"通"现":

原文:"图穷而匕首见。"

解释:"见"在这里通"现",表示出现、显露的意思。整句意为"地图展开到最后,匕首露了出来。"

(4) "卒"通"猝":

原文:"卒起不意,尽失其度。"

解释:"卒"在这里通"猝",表示突然、意外的意思。整句意为"突然发生,出乎意料,大家都失去了常态。"

(5) "还"通"环":

原文:"秦王还柱而走。"

解释:"还"在这里通"环",表示环绕、围绕的意思。整句意为"秦王绕着柱子跑。"

(6) "奉"通"捧":

原文:"荆轲奉樊於期头函。"

解释:"奉"在这里通"捧",表示捧着、持着的意思。整句意为"荆轲捧着装有樊於期头颅的盒子。"

这些通假字的使用,反映了古代汉语在书写和表达上的灵活性,同时也增加了文本的复杂性和丰富性。

图 2-11 《荆轲刺秦王》文中通假字检查与解释

AI 超级理科导师

谈到理科学习，可能许多学生会感觉非常头疼，有些学生可能有时会为了琢磨一道数学题而绞尽脑汁，和一道题"死磕"几小时也是常事。但是有了 DeepSeek 的辅助之后，就像有一位 24 小时的导师在身边，碰到实在难以理解的问题，只需要向 DeepSeek 软件寻求帮助，许多难题就能够迎刃而解。

第 **3** 章

3.1 AI 解决各类理科难题

在数学学科的各个知识版块中，几何知识一直是难度较高的，几何题对于学生的逻辑思维能力和空间想象能力有非常高的要求，许多学生在解答这类问题的时候犯难。借助 DeepSeek，理解数学图形，解答几何题将不再困难。

3.1.1 方程组

习题一

$$2x+3y=11$$

$$4x-y=1$$

问：

请帮我解下面的方程组，并且列出详细的解题思路和步骤。

$$2x+3y=11$$

$$4x-y=1$$

答：

解方程组：$2x+3y=11$；$4x-y=1$。

解题思路：我们可以使用代入法或消元法来解这个方程组。这里我们选择消元法，通过消去一个变量来求解另一个变量。

步骤1：消去一个变量

我们选择消去 y。为此，需要让两个方程中的 y 系数相同或相反。

从方程 (2) 中，y 的系数是 -1，而方程 (1) 中 y 的系数是 3。为了让 y 的系数相反，我们可以将方程 (2) 乘以 3。

得到：3(4x-y)=3。即：12x-3y=3

步骤2：将方程 (1) 和方程 (3) 相加。

将方程 (1) 和方程 (3) 相加，消去 y：

(2x+3y)+(12x-3y)=11+3

化简：14x=14

步骤3：求解 x

将方程 14x=14 两边同时除以 14

得出：x=1

步骤4：求解 y

将 x=1 代入方程 (2)：4(1)-y=1

化简：4-y=1

解得：y=3

最终解：x=1, y=3

验证：将 x=1 和 y=3 代入原方程组，验证是否成立。

代入方程 (1)：2(1)+3(3)=2+9=11，成立。

代入方程 (2)：4(1)-3=4-3=1，成立。

因此，解是正确的。

　　DeepSeek 解析题目后，运用消元法，将两个方程式换算成具有"3y"的方程，通过这种方式得出 x，之后再求得 y，方法非常便捷。并且 DeepSeek 还给出了验证答案的方法，将已经得出的 x 和 y 的结果代回原方程组，验证得出解是正确的。

习题二

$$4x+3y=3$$
$$3x-2y=15$$

问：

请帮我解下面的方程组，并且列出详细的解题思路和步骤。

$$4x+3y=3$$
$$3x-2y=15$$

答：

这是一个二元一次方程组问题，需要找到满足两个方程的 x 和 y 的值。

方程组为：$4x+3y=3$（1）；$3x-2y=15$（2）。可以使用消元法或者代入法来求解。这里使用消元法，通过加减消元来求解。

首先，为了消去一个变量，需要将两个方程中的某个变量的系数变为相反数。

观察方程（1）和方程（2），可以将方程（1）乘以2，方程（2）乘以3，得到：

$$8x+6y=6 \quad (3)$$
$$9x-6y=45 \quad (4)$$

接下来，将方程（3）与方程（4）相加，以消去 y：$8x+6y+9x-6y=6+45$，$17x=51$，解得：$x=3$，然后，将 $x=3$ 代入方程（1）或方程（2），以求 y 的值：

$4×3+3y=3$

$12+3y=3$

$3y=-9$

$y=-3$,

因此，方程组的解为：

x=3

y=-3

验证：验证步骤是将求得的解代入原方程组，检查是否满足所有方程。

对于之前求得的解：x=3，y=-3。

代入原方程组：4x+3y=3，3x-2y=15

进行验证：代入第一个方程 4x+3y=3：

左边 =4×3+3×(-3)=12-9=3

右边 =3

因为左边等于右边，所以 x=3,y=-3 满足第一个方程。

代入第二个方程 3x-2y=15：

左边 =3×3-2×(-3)=9+6=15

右边 =15

因为左边等于右边，所以 x=3,y=-3 满足第二个方程。

由于解 x=3,y=-3 同时满足方程组的两个方程，因此验证成功，该解是正确的。

上述 DeepSeek 解题思路和步骤是非常清晰标准的，快速有效解决二元一次方程组问题。

解题思路明确，选择了消元法作为解题方法，这是一种常用的解决二元一次方程组的方法，通过加减运算消去一个变量，从而简化问题。

解题步骤详细且逻辑严密。先对方程组进行预处理，使某个变量的系数在两个方程中互为相反数，便于后续消元。然后，通过加减运算消去一个变量，得到一个一元一次方程，求解得到一个变量的值。将求得的变量值代入原方程组中的任意一个方程，求解得到另一个变量的值。最后，将求得的解代入原方程组进行验证，确保解的正确性。在整个解题过程中，没有出现计算错误或逻辑错误，每一步都严格遵循了数学规则。

习题三

$$y=2x-5$$
$$5x+2y=8$$

问：

请帮我解下面的方程组，并且列出详细的解题思路和步骤。

$$y=2x-5$$
$$5x+2y=8$$

答：

这是一个二元一次方程组问题，包含两个方程：

y=2x-5(1)，5x+2y=8(2)，我们可以使用代入法来求解这个方程组，即先将一个方程中的变量用另一个变量表示，然后代入另一个方程中求解。

首先，我们有方程(1)已经给出了 y 关于 x 的表达式，即 y=2x-5。

接下来，我们将这个表达式代入方程(2)中，替换掉方程(2)中的 y：

5x+2(2x-5)=8，

展开括号，得到：

5x+4x-10=8，

合并同类项，得到：

9x-10=8，

移项，得到：

9x=18，

除以9，解得：

x=2，

然后，我们将 x=2 代入方程(1)中，求解 y 的值：

y=2×2-5,

y=4-5,

y=-1,

所以,方程组的解为:

x=2

y=-1

为了验证解的正确性,我们需要将求得的解 x=2 和 y=-1 代入原方程组中的两个方程,检查是否满足这两个方程。

原方程组为:

y=2x-5(1)

5x+2y=8(2)

代入 x=2 和 y=-1 进行验证:

代入方程(1)y=2x-5:

左边 =-1(因为 y=-1)

右边 =2×2-5=4-5=-1

由于左边等于右边,所以 x=2,y=-1 满足方程(1)。

代入方程(2)5x+2y=8:

左边 =5×2+2×(-1)=10-2=8

右边 =8

由于左边等于右边,所以 x=2,y=-1 满足方程(2)。

因此,经过验证,我们确认 x=2,y=-1 是原方程组的正确解。

上述解题思路和步骤遵循解决二元一次方程组的标准方法。解题思路明确,选择了代入法作为解题方法,通过将一个方程中的变量用另一个变量表示,然后代入另一个方程中,可以简化问题,使其变为一个一元一次方程,更容易求解。

3.1.2 概率题

DeepSeek 可以帮助学生解决数学学科的概率问题。"概率与统计"版块内容，主要研究必然事件、不可能事件、随机事件等。在解决概率问题的时候，学生把题目发送给 DeepSeek，DeepSeek 能直接给出答案和解释。

接下来我们看看 DeepSeek 是否能解决袋中取球的问题。

习题一

问：

一个袋子中有 5 个红球和 3 个蓝球。从中随机取出两个球，求取出的两个球都是红球的概率。

答：

我们有一个袋子，里面有 5 个红球和 3 个蓝球。

我们要计算从这个袋子里随机取出两个球，这两个球都是红球的概率。

首先，我们要知道一些基本的概率知识：

事件 A 发生的概率 $P(A)$ = 事件 A 发生的方式数量 ÷ 所有可能事件的方式数量。

现在，我们来定义我们的问题：

从袋子里取两个球，所有可能的方式数量是多少？

从袋子里取两个红球的方式数量是多少？

所有可能的方式数量：

我们可以使用组合公式来计算。从 8 个球（5 红 +3 蓝）中取 2 个球的方式数量是 $C(8, 2)$。

$C(8, 2) = 8 \times 7 \div (2 \times 1) = 28$

从袋子里取两个红球的方式数量：

同样使用组合公式。从 5 个红球中取 2 个球的方式数量是 C(5,2)。

C(5,2)=5×4÷(2×1)=10

所以，取出的两个球都是红球的概率 P=C(5,2)÷C(8,2)=10÷28=5/14。

计算结果为：取出的两个球都是红球的概率是 5/14 或者约等于 0.3571。

整体来说，DeepSeek 给出的解答是准确的，使用了正确的公式和步骤来解决问题。

习题二

请 DeepSeek 判断以下事件是必然事件、不可能事件还是随机事件。

问：

判断以下事件是必然事件、不可能事件还是随机事件。问题一，乘公交车到十字路口遇到红灯；问题二，把铁块扔进水中铁块浮起；问题三，任选 10 个人，至少有 3 人出生月份相同。

答：

问题一：随机事件。遇到红灯是受交通情况、时间等因素影响的，无法确定必然发生。

问题二：不可能事件。铁块在水中会下沉，因为铁的密度大于水的密度，除非铁块有空洞或者特殊形状。

问题三：必然事件。根据鸽巢原理，10 个人至少有 3 人出生在同一个月份是必然的，因为 12 个月份不够分配给 10 个人。

3.1.3 追及与相遇问题

高中物理学科中，追及与相遇问题是一个难点版块，其本质就是研究两个物体能否在相同时刻到达相同空间位置的问题。这类题目会在日常练习和阶段性考试中频繁出现，题目具有综合考察性，要求学生熟练掌握解题公式，并且具有一定的逻辑思维能力。DeepSeek 可以帮助学生理解问题，应用公式，并且通过合理的计算得出最终答案。

习题一

问：

甲车以 10m/s 的速度在平直公路上匀速行驶，乙车以 4m/s 的加速度从静止开始与甲车同向行驶。

求：乙车出发后经多长时间可追上甲车？

在追上甲车之前，两车相距的最大距离是多少？

答：

本题主要考察匀变速直线运动与匀速直线运动的基本关系，以及如何通过设立等式来求解两车相遇或相距最远的时间。

首先，我们需要明确两车的运动状态：甲车以匀速行驶，乙车以匀加速行驶。为了找出两车相遇的时间，我们需要设立等式，将两车的位移设为相等，因为当两车位移相等时，它们就处于同一位置，即相遇。

其次，为了找出两车相距最远的时间，我们需要理解速度–时间图像中面积代表位移的概念。当两车的速度相等时，它们之间的相对位移达到最大，即相距最远。因此，我们需要先找出乙车加速到与甲车速度相等所需的时间，然后计算此时两车的位移差。

解题步骤：

步骤一：求解乙车追上甲车的时间

设立等式：设乙车出发后经时间 t 追上甲车，此时甲车的位移为 $v_1 t$，乙车的位移为 $0.5at^2$（因为乙车从静止开始匀加速）。

代入已知数值：将 $v_1=10m/s$ 和 $a=4m/s^2$ 代入等式，得到 $10t=0.5×4t^2$。

解方程：化简方程得到 $t^2-5t=0$，解得 $t=0$（舍去，因为 $t=0$ 时乙车还未出发）或 $t=5s$。

所以，乙车出发后经 5s 可追上甲车。

步骤二：求解两车相距的最大距离

找出速度相等的时间：设经过时间 t_0 两车速度相等，即 $v_1=at_0$，解得 $t_0=av_1=2.5s$。

计算此时两车的位移：甲车的位移为 $v_1 t_0$，乙车的位移为 $0.5at_0^2$。

计算两车的位移差：即两车相距的最大距离，为 $v_1 t_0 - 0.5at_0^2$。

代入已知数值计算得到：最大距离 $=10×2.5-21×4×(2.5)2=12.5m$。

所以，在追上甲车之前，两车相距的最大距离是 12.5m。

习题二

问：

一辆汽车以每小时 60 公里的速度行驶，另一辆汽车以每小时 80 公里的速度从相反方向驶来。如果两车相距 210 公里，问它们相遇需要多少时间？

答：

我们有两辆汽车，一辆以每小时 60 公里的速度行驶，另一辆以每小时 80 公里的速度从相反方向驶来。

它们之间相距 210 公里，我们需要找出它们相遇需要多少时间。

首先，我们来用简单的数学逻辑理解这个问题。

当两辆汽车相向而行时，它们的相对速度是两者速度之和。

这是因为，在一个小时内，第一辆汽车行驶了60公里，而第二辆汽车行驶了80公里（但方向相反），

所以它们之间的距离缩短了60公里+80公里=140公里。

那么，我们可以这样计算它们相遇所需的时间：

总距离 ÷ 相对速度 = 相遇所需时间

将给定的数值代入公式中：

210公里÷（60公里/小时+80公里/小时）= 相遇所需时间

现在我们来计算相遇所需的时间：

210÷140=1.5小时

所以，两辆汽车相遇需要1.5小时。

习题三

问：

一列货车以28.8km/h的速度在平直铁路上运行，由于调度失误，在后面600m处有一列快车以72km/h的速度向它靠近，快车司机发觉后立即合上制动器，但快车要滑行2000m才停止，试判断两车是否会相撞。

答：

已知条件：

货车速度：28.8km/h=8m/s

快车速度：72km/h=20m/s

快车与货车的初始距离：600m

快车的滑行制动距离：2000m

…………（推导思路过长，此处省略）

> 判断是否相撞：
>
> 快车最初距离货车 600m，快车在 200 秒内滑行 2000m 才能停下，而货车行驶了 1600m。
>
> 快车在 200 秒内滑行的距离大于两车初始的 600m，所以快车会追上并撞上货车。
>
> 结论：两车会相撞。

DeepSeek 在解答以上的三道物理习题时，展现出清晰的解题思路。对每道题基本都明确了已知条件和所求问题，然后按照逻辑顺序逐步推导，得出准确答案。

在习题一的解答中，DeepSeek 准设立等式来求解两车相遇和相距最远的时间，通过代入已知数值得出结果。它对于匀变速直线运动和匀速直线运动的基本关系理解正确，能够灵活运用这些知识解决问题。

在习题二的解答中，DeepSeek 利用相对速度的概念，简化问题的复杂度，将两车相对速度视为一个整体，快速地计算出相遇所需时间。

在习题三的解答中，DeepSeek 进行单位换算，根据快车的制动距离和滑行时间，计算出快车在滑行过程中的平均速度，判断两车是否会相撞。虽然推导过程被省略，但从答案来看，DeepSeek 的基本思路是正确的。

总的来说，DeepSeek 的解答思路和步骤都非常清晰，能够基本解决物理问题，对于学生有很明显的辅导作用。

3.2 理科习题模拟练习

借助 DeepSeek，学生能够实现理科习题模拟练习。俗话说："只要功夫深，铁杵磨成针"，在学习上也是如此，尤其是理科，只有勤学多练，多做题，多钻研，才能打好基础，让成绩稳步提升。DeepSeek 的大数据搜集和生成功能，可以针对学生的个人具体情况，快速生成大量适合的练习题，以供学生练习。

3.2.1 DeepSeek 出题常规提示模板

如果学生希望 DeepSeek 为自己出理科练习题，可以按照一些常规的模板来提问，能够比较精准地获得题目方向。通过明确告诉 DeepSeek 自己想要练习的学科、知识点、题型以及难度要求，学生可以获得高效的练习题，帮助自己在特定领域内进行复习和巩固。

以下是一些常见的提问模板，帮助学生清晰地表达自己想要练习的内容（表 3-1）：

表 3-1 AI 出题常规提示模板

模板编号	请求描述	示例
1	请为我出一些关于【学科名称】基础知识的练习题，例如【具体知识点】	请为我出一些关于初中数学基础知识的练习题，例如分数加减法
2	请为我生成一套关于【学科名称】的基础练习题，题目难度适中	请为我生成一套关于物理的基础练习题，题目难度适中，涵盖力和运动的基本概念
3	请为我出一些进阶的练习题，重点练习【具体知识点】，难度稍大	请为我出一些进阶的数学练习题，重点练习二次函数的图像与性质，难度稍大
4	请给我一些关于【学科】的专项练习题，难度为【具体难度】，我希望题目包含【具体内容】	请给我一些关于高中化学的专项练习题，难度为中等偏上，我希望题目包含氧化还原反应的计算
5	请给我出一些关于【学科名称】的选择题／填空题／解答题，要求涵盖【具体知识点】	请给我出一些关于高中物理的选择题，要求涵盖力学中的功和能量的计算
6	请为我出一组包含【具体题目类型】的练习题，例如证明题、计算题等，涉及【知识点】	请为我出一组包含证明题和计算题的练习题，涉及平面几何中的三角形全等与相似
7	请为我设计一套模拟测试题，难度和【学科】期末考试相当，涵盖【具体内容】	请为我设计一套模拟测试题，难度和初中物理期末考试相当，涵盖力学、光学等内容
8	请生成一套包含【学科名称】各个模块内容的综合练习题，难度适中	请生成一套包含高中生物各个模块内容的综合练习题，难度适中，涵盖细胞学、遗传学等
9	请给我出一些关于【学科名称】的难题，并附上详细解答步骤和解题思路	请给我出一些关于高等数学的难题，并附上详细解答步骤和解题思路
10	请给我出一些涉及【知识点】的难题，并提供每道题的解题思路和详细步骤	请给我出一些涉及概率论的难题，并提供每道题的解题思路和详细步骤

续表

模板编号	请求描述	示例
11	请给我出一套适合在【时间】分钟内完成的高难度【学科】练习题	请给我出一套适合在 30 分钟内完成的高难度物理练习题
12	请出几道有挑战性的【知识点】计算题，要求时间限制为【时间】分钟	请出几道有挑战性的化学反应速率计算题，要求时间限制为 20 分钟
13	请为我出一套涉及【学科 1】和【学科 2】的复习题，涵盖【具体内容】	请为我出一套涉及物理和化学的复习题，涵盖力学和化学反应速率
14	请为我出一些跨学科的综合练习题，难度适中，涉及【学科】的内容	请为我出一些跨学科的综合练习题，难度适中，涉及数学、物理和化学的内容
15	我在【学科／知识点】方面遇到困难，能不能给我出一些相关的练习题，帮助我提高	我在三角函数的应用题方面遇到困难，能不能给我出一些相关的练习题，帮助我提高
16	请为我出一些针对【知识点】的练习题，帮助我加强对这一部分的理解	请为我出一些针对二次方程求解的练习题，帮助我加强对这一部分的理解

3.2.2 针对性题目的提问模板

学生可以使用 DeepSeek 快速生成具有针对性的练习题，在提问的时候，学生要把自己的学习阶段、学习情况发送给 DeepSeek，请其结合自己的具体情况出题，具有比较强的个性化特点。

在提问的时候，最重要的是提供足够的上下文和背景信息，明确说明自己的学习目标、当前掌握的知识水平、薄弱环节，以及想要练习的题目类型和难度。通过这种方式，DeepSeek 可以根据学生的个性化需求生成针对性的题目，帮助学生更高效地学习。

要让 DeepSeek 为自己出符合自己具体情况的题目，学生需要通过明确、详细的提问来帮助 DeepSeek 更好地理解自己的需求，从而生成适合自己的题目。有效的提问不仅能让 DeepSeek 生成个性化的练习题，还能最大化地提高学习效果。以下是一些提问的原则、步骤和注意事项，帮助学生根据自己的具体情况准确地提问：

学生可以遵循如下提问原则：明确目标：明确你希望通过这些题目实现什么目标。例如，是为了复习某个知识点、加强解题技巧，还是准备即将到来的考试。具体化需求：详细描述自己的学习进度、已有的知识储备、薄弱点、需要强化的领域等。越具体，DeepSeek 就越能生成符合需求的题目。指明题目类型和难度：如果你有偏好的题目类型（如选择题、填空题、计算题等）或难度要求（简单、中等、难），可以明确指出。

提问步骤：说明自己当前的学习情况（介绍自己目前的学习阶段、学习进度和知识掌握情况；指出当前的学习重点、薄弱环节或目标）。明确希望练习的知识点或技能（明确你想要巩固、提高或测试的具体知识点或技能）。

提问时要注意：目标明确，避免模糊；避免过度要求；给出必要的背景信息；调整题目数量和频率（表 3-2）。

表 3-2 DeepSeek 针对性出题提问模板

模板编号	模板内容	示例
1	我现在是【年级/学科】的学生，我已经掌握了【相关知识点】，但对【具体知识点】不太熟悉，请出一些【难度】的题目帮助我练习	我现在是高一学生，已经掌握了代数的基础知识，但对二次函数的图像和性质不太熟悉，请出一些中等难度的题目帮助我练习
2	我目前学习到【某个知识点】，希望通过练习提高自己在【相关领域】的能力，能不能出一些针对性练习题	我目前学习到高中物理的力学部分，希望通过练习提高自己在牛顿定律应用方面的能力，能不能出一些相关的计算题
3	我在【某个领域或知识点】上遇到困难，能否出一些题目帮助我巩固这个知识点	我在化学中的氧化还原反应部分遇到困难，能否出一些相关题目帮助我巩固这一部分的知识
4	我在【某个领域】比较薄弱，特别是在【具体知识点】上。请出一些适合我练习的题目，帮助我加强这一部分	我在初中几何部分比较薄弱，特别是三角形的全等和相似，请出一些适合我练习的证明题
5	我希望练习【具体题型】，例如【选择题/填空题/解答题】，并且题目难度为【简单/中等/较难】	我希望练习一些关于初中代数的选择题，题目难度为中等，帮助我巩固一元一次方程的解法
6	请为我出几道【具体题型】，题目难度适中，帮助我理解和掌握【某个知识点】	请为我出几道物理力学中的计算题，题目难度适中，帮助我理解和掌握动能定理
7	请根据我目前的学习进度，出一些【学科】的题目，难度【简单/中等/较难】，帮助我巩固【具体内容】	请根据我目前学习到的高中数学阶段，出一些关于三角函数的题目，难度中等，帮助我巩固函数的图像和性质

案例一，如图 3-1 所示。

> **问:**
> 我现在是一名高一学生,已经掌握了代数的基础知识,但对二次函数的图像和性质不太熟悉,请出五道简单难度的题目帮助我练习(先不用给出答案)。

好的!以下是五道关于二次函数图像和性质的简单题目,帮助你巩固基础知识:

题目 1
已知二次函数 $f(x) = x^2 - 4x + 3$,求:

(1) 抛物线的开口方向。
(2) 抛物线的顶点坐标。
(3) 抛物线与 x 轴的交点坐标。

题目 2
已知二次函数 $f(x) = -2x^2 + 8x - 6$,求:

(1) 抛物线的对称轴方程。
(2) 抛物线的最大值或最小值(如果有)。
(3) 抛物线与 y 轴的交点坐标。

题目 3
已知二次函数 $f(x) = x^2 + 6x + 9$,求:

(1) 抛物线的顶点坐标。
(2) 抛物线与 x 轴的交点个数。
(3) 当 $x = 1$ 时,函数的值是多少?

题目 4
已知二次函数 $f(x) = -x^2 + 4x$,求:

(1) 抛物线的开口方向。
(2) 抛物线的顶点坐标。
(3) 抛物线与 x 轴的交点坐标。

题目 5

已知二次函数 $f(x) = 3x^2 - 12x + 10$,求:

(1) 抛物线的对称轴方程。

(2) 抛物线的顶点坐标。

(3) 当 $x = 0$ 时,函数的值是多少?

希望这些题目能帮助你更好地理解二次函数的图像和性质!如果有需要,可以随时向我询问答案或进一步讲解。加油!

图 3-1 案例一

案例二,如图 3-2 所示。

问:

我在化学中的氧化还原反应部分遇到困难,能否出五道相关题目帮助我巩固这一部分的知识?字母请用直体表示,并且注意下角标。

当然可以!以下是五道关于氧化还原反应的题目,帮助你巩固相关知识:

题目 1

判断以下反应是否为氧化还原反应,并指出氧化剂和还原剂:

$$Zn + 2HCl \rightarrow ZnCl_2 + H_2$$

题目 2

配平以下氧化还原反应(在酸性溶液中):

$$MnO_4^- + Fe^{2+} \rightarrow Mn^{2+} + Fe^{3+}$$

题目 3

在以下反应中,指出每个元素的氧化态变化:

$$2Al + 3CuCl_2 \rightarrow 2AlCl_3 + 3Cu$$

题目 4

判断以下反应是否为氧化还原反应，并说明理由：

$$Na_2SO_4 + BaCl_2 \rightarrow BaSO_4 + 2NaCl$$

题目 5

配平以下氧化还原反应（在碱性溶液中）：

$$Cl_2 + OH^- \rightarrow Cl^- + ClO^-$$

希望这些题目能帮助你更好地理解氧化还原反应！如果有需要，可以随时向我询问答案或进一步讲解。加油！

图 3-2 案例二

3.3　AI 成就小小实验家

对于中学生来说，学会使用 DeepSeek 来辅助学习理科（尤其是化学、物理和生物），是提高学科水平的重要方式。DeepSeek 能提供即时的答疑解惑，还能够帮助学生通过多种方式增强对理科实验的理解和操作能力，进一步提高学生的理科水平。

学生在学习理化生的基础理论时，可能会遇到许多复杂公式，DeepSeek 可以提供详细的解释，分步讲解每个难点，提供多角度解释方式，帮助学生更好地理解。学生在进行实验设计时可能会遇到不清楚如何开始或如何改进实验的问题。DeepSeek 可以根据学生的需求给出详细的实验设计方案，说明实验中需要注意的操作细节。而且，实验数据是理科实验中非常重要的部分，DeepSeek 能够帮助学生分析实验数据，找出数据背后的规律，并帮助他们从数据中得出结论。

3.3.1　实验操作步骤

学生通过与 DeepSeek 互动，能够加深对理化生知识的理解，在记忆和熟练操作步骤方面得到很大的帮助。许多理科实验和操作步骤对于学生来说可能比较烦琐或容易混淆，DeepSeek 通过提示和个性化指导，能够有效增强学生对实验步骤的记忆和提高操作的熟练度。

如果操作步骤比较烦琐,可以把操作步骤发送给 DeepSeek,请 DeepSeek 运用分步记忆法,进行步骤拆解,帮助自己明确实验步骤,并且加深记忆。

问:

我是一名中学生,操作步骤不太熟练,请利用分步记忆法帮助我。在集气瓶内加入少量水,并将水面上方空间分为 5 等份。用止水夹夹紧胶皮管。点燃燃烧匙内的红磷后。立即伸入瓶中并把塞子塞紧,观察红磷燃烧的现象。待红磷熄灭并冷却后,打开止水夹,观察实验现象及水面的变化情况。

答:

第一步:准备阶段

收集材料:集气瓶、水、红磷、燃烧匙、塞子、止水夹、胶皮管。

加水:在集气瓶内加入少量水,确保水面上方空间分为 5 等份。

记忆提示:想象集气瓶是一个五层楼的房子,水占据了最底层。

第二步:装置搭建

连接装置:用止水夹夹紧胶皮管,确保装置密封。

准备红磷:点燃燃烧匙内的红磷。

记忆提示:止水夹像是一个守门员,守住了胶皮管这个"球门",而红磷则是即将点燃的"火箭"。

第三步:实验进行

伸入红磷:立即将点燃的红磷伸入集气瓶中。

塞紧塞子:迅速把塞子塞紧,确保集气瓶内空气不泄漏。

记忆提示:想象红磷是一个勇敢的探险家,进入集气瓶这个"洞穴",而塞子则是探险家身后的"大门"。

第四步:观察与等待

观察现象:观察红磷燃烧的现象,注意火焰、烟雾等。

> 等待冷却：待红磷熄灭并完全冷却。
>
> 记忆提示：红磷燃烧时像是一个"火山爆发"，而等待冷却则像是火山爆发后的"平静期"。
>
> 第五步：打开止水夹
>
> 打开止水夹：在红磷熄灭并冷却后，打开止水夹。
>
> 观察变化：观察实验现象及水面的变化情况。
>
> 记忆提示：止水夹打开就像是打开了"洪水之门"，水面会发生变化，就像洪水涌来一样。

向 DeepSeek 提问之后，DeepSeek 把问题拆解，分成了许多具体的"小问题"和"小步骤"。基本上，DeepSeek 把实验分成了四个阶段，分别是"准备阶段""燃烧阶段""观察阶段"和"结果阶段"。不仅内容更加详细，条理和步骤也更加清晰，让学生在自学的时候更容易记得清楚、学得透彻。

3.3.2 实验操作"避坑"指南

理科实验步骤繁多，涉及的知识点也非常丰富，如果学生对实验的掌握不甚熟悉，很可能在具体的实践过程中出现一些小问题。利用 DeepSeek，在做实验之前，学生就可以预先了解实验常见的"坑"，让 DeepSeek 帮自己"避坑"，避免实验出错。

3.3.2.1《高锰酸钾制氧实验》

问：

（1）操作步骤：查—装—定—点—收—离—熄。

（2）实验现象：有大量气体进入集气瓶中。

（3）实验结论：利用高锰酸钾可以制氧。

我是一名中学生，准备进行高锰酸钾制氧实验，请告诉我，有哪些新手常见的"坑"，以及如何规避。

答：

进行高锰酸钾制氧实验时，作为新手确实可能会遇到一些常见的"坑"。以下是一些可能遇到的问题以及规避方法：

试管破裂：

原因：试管受热不均匀，或实验结束时没有正确处理导致水倒吸。

规避方法：确保试管口略向下倾斜以防止冷凝水回流；加热前预热试管，使其均匀受热；实验结束时，先移出导管再熄灭酒精灯，防止水倒吸。

高锰酸钾粉末进入导管：

原因：没有放置棉花团或棉花团放置不当。

规避方法：在试管口放置一团疏松的棉花，确保它能有效阻挡高锰酸钾粉末，但又不影响气体的排出。

气体收集不纯：

原因：开始收集气体时，没有等到气泡连续均匀冒出；或集气瓶中的气体没有排尽。

规避方法：使用排水法收集时，要等到气泡连续均匀冒出再开始收集；使用向上排空气法时，要确保导管伸到集气瓶底部，并尽量将集气瓶中的原有气体排尽。

……

3.3.2.2《木炭还原氧化铜实验》

问：

《木炭还原氧化铜》

（1）操作步骤：把刚烘干的木炭粉末和氧化铜粉末混匀，小心地铺放进试管，并将试管固定在铁架台上。试管口装有通入澄清石灰水的导管，用酒精灯加热混合物几分钟。然后先撤出导气管，待试管冷却后再把试管里的粉末倒在纸上，观察现象。

（2）实验现象：黑色粉末逐渐变为红色，石灰水变浑浊。

（3）实验结论：碳具有还原性。

我是一名中学生，准备进行木炭还原氧化铜实验，请告诉我，有哪些新手常见的"坑"，以及如何规避。

答：

进行木炭还原氧化铜实验时，新手确实可能会遇到一些常见的"坑"。以下是一些可能遇到的问题以及规避方法：

（1）实验材料选择与准备

药品纯度：

问题：使用工业纯或化学纯的药品可能导致实验效果不理想。

规避方法：最好使用分析纯的氧化铜和木炭粉，以确保实验的准确性和成功率。

药品用量及比例：

问题：木炭与氧化铜的质量比不恰当，可能导致反应不完全或产物不纯。

规避方法：木炭与氧化铜的质量比应控制在1∶9至1∶13之间，最佳质量比为1∶11。混合总量以2克左右为宜，以确保反应充分且产物纯净。

药品干燥与研磨：

问题：药品未充分干燥或研磨不均匀，可能影响反应效果。

规避方法：将木炭粉和氧化铜粉分别烘干，并研磨至细腻均匀，以确保反应充分进行。

（2）实验操作过程

试管口处理：

问题：试管口未略向下倾斜，可能导致冷凝水回流引起试管炸裂。

规避方法：试管口应略向下倾斜，以防止冷凝水回流。

加热方式：

问题：加热不均匀或温度不够高，可能导致反应不完全。

规避方法：使用酒精灯加热时，可在灯芯外加上网罩以提高温度。最好使用酒精喷灯进行加热，以确保反应充分进行。

……

3.4　化学方程式不再棘手

化学方程式表明了反应物和生成物之间的关系，是中学化学科目的重点，更是理科学习中不可忽视的部分。在化学世界中，繁多的分子符号，以及多种反应模式，时常让学生们感觉非常困惑。结合 DeepSeek，化学方程式不再棘手，即使再复杂的问题，也能轻松掌握。

3.4.1 化学方程式解析

AI 软件可以帮助学生完成化学方程式解析工作，无论是简单的化学方程式还是复杂的化学方程式，都可游刃有余地处理。如图 3-3 所示。

问：

请解析如下化学方程式：$Cu+2AgNO_3=Cu(NO_3)_2+2Ag$。

好的！我们来逐步解析这个化学方程式：

方程式：

$$Cu + 2AgNO_3 \rightarrow Cu(NO_3)_2 + 2Ag$$

(1) 反应类型

这是一个**单置换反应**（也叫置换反应）。在单置换反应中，一种单质（Cu）与一种化合物（$AgNO_3$）反应，生成另一种单质（Ag）和另一种化合物（$Cu(NO_3)_2$）。

(2) 反应物与生成物

反应物：

Cu：铜，一种金属单质。

$AgNO_3$：硝酸银，一种化合物。

生成物：

$Cu(NO_3)_2$：硝酸铜，一种化合物。

Ag：银，一种金属单质。

(3) 反应过程

铜（Cu）比银（Ag）更活泼，因此铜可以从硝酸银（$AgNO_3$）中置换出银。

铜原子（Cu）失去电子，被氧化为铜离子（Cu^{2+}），同时硝酸银中的银离子（Ag^+）获得电子，被还原为银原子（Ag）。

(4) 氧化还原分析

氧化反应（失去电子）：

$$Cu \rightarrow Cu^{2+} + 2e^-$$

铜的氧化态从 **0** 变为 **+2**。

还原反应（获得电子）：

$$Ag^+ + e^- \rightarrow Ag$$

银的氧化态从 **+1** 变为 **0**。

电子转移：

每个铜原子失去 2 个电子，每个银离子获得 1 个电子。为了电荷守恒，需要 2 个银离子与 1 个铜原子反应。

> **(5) 实验现象**
>
> 铜丝或铜片表面会逐渐覆盖一层银白色的固体（银）。
>
> 溶液的颜色可能从无色（$AgNO_3$ 溶液）变为蓝色（$Cu(NO_3)_2$ 溶液）。
>
> **(6) 应用**
>
> 这个反应可以用于从废液中回收银，或者验证金属活动性顺序（铜比银活泼）。
>
> **总结**
>
> 这个方程式描述了一个典型的单置换反应，铜置换出硝酸银中的银，同时生成硝酸铜。通过分析氧化还原过程，我们可以更深入地理解反应的电子转移和化学变化。如果有其他问题，欢迎继续提问！

图 3-3 化学方程式解析

3.4.2 化学方程式配平指导

DeepSeek 可为学生提供化学方程式配平指导。在中学阶段的化学学习过程中，化学方程式配平非常重要，相关的题目也比较多。借助 DeepSeek，学生可以获取未知化学方程式的配平方案。例如，请 DeepSeek 直接配平，学生可以很大程度节约时间。又如，请 DeepSeek 为自己提供化学方程式配平思路，循循善诱，逐渐达到方程式配平的最终目的。而且学生还可以请 DeepSeek 检查自己已经配平完成的方程式，请 DeepSeek 及时反馈，实时纠错，帮助自我提升化学水平。

案例一，如图 3-4 所示。

> **问:**
> 请配平以下化学方程式：$Fe_2O_3+CO \rightarrow Fe+CO_2$，直接给出答案。

配平后的化学方程式为：

$$Fe_2O_3 + 3CO \rightarrow 2Fe + 3CO_2$$

配平步骤简述

平衡铁（Fe）原子：左边有 2 个 Fe，右边也需要 2 个 Fe。

平衡碳（C）原子：左边有 1 个 C，右边有 1 个 C，但需要调整 CO 和 CO_2 的系数。

平衡氧（O）原子：左边有 3 个 O（来自 Fe_2O_3）和 3 个 O（来自 3CO），右边有 6 个 O（来自 $3CO_2$）。

最终配平结果为：

$$Fe_2O_3 + 3CO \rightarrow 2Fe + 3CO_2$$

图 3-4 案例一

案例二

如果不希望 DeepSeek 直接给出答案，而是希望通过 DeepSeek 的引导，使自己独自找到答案，真正学会化学方程式配平方式，可以向 DeepSeek 询问配平思路，并强调"无须直接给出答案"。如图 3-5 所示。

> **问：**
> 我将配平该方程式 $C_4H_{10}+O_2 \rightarrow CO_2+H_2O$，请给我提供一些配平思路，无须直接给出答案，引导我自己算出答案。

要配平方程式 $C_4H_{10} + O_2 \rightarrow CO_2 + H_2O$,你可以按照以下步骤进行:

(1) 确定反应物和生成物

反应物:丁烷(C_4H_{10})和氧气(O_2)

生成物:二氧化碳(CO_2)和水(H_2O)

(2) 列出各元素的原子数

反应物:

碳(C):4

氢(H):10

氧(O):2

生成物:

碳(C):1

氢(H):2

氧(O):3

(3) 配平碳原子

反应物中有4个碳原子,生成物中只有1个碳原子。为了使碳原子数相等,你需要在生成物中增加 CO_2 的系数。

(4) 配平氢原子

反应物中有10个氢原子,生成物中只有2个氢原子。为了使氢原子数相等,你需要在生成物中增加 H_2O 的系数。

(5) 配平氧原子

在配平碳和氢之后,计算生成物中的氧原子总数,然后调整反应物中 O_2 的系数,使氧原子数相等。

(6) 检查并调整

确保所有元素的原子数在反应物和生成物中相等。如果不等,继续调整系数,直到平衡。

通过这些步骤,你可以逐步配平方程式。

图 3-5 案例一

案例三

学生完成一道题目后，可以请 DeepSeek 检查自己的配平结果，如果发现问题可以及时纠正，防止学生再次出现相同类型的错误。

在提问的时候要把配平前的方程式和配平后方程式一起"打包"发送给 DeepSeek，并输入"请帮我检查我的配平是否正确，如果有问题请指出，便于我更正且防止再犯"。如图 3-6 所示。

> **问：**
>
> 配平前：$C_3H_8+O_2 \rightarrow CO_2+H_2O$，配平后：$C_3H_8+5O_2 \rightarrow 3CO_2+4H_2O$，请帮我检查我的配平是否正确，如果有问题请指出，便于我更正且防止再犯。

你的配平是正确的。以下是详细的检查步骤：

(1) 碳原子平衡：

反应前有3个碳原子（C_3H_8），反应后也有3个碳原子（$3CO_2$）。

(2) 氢原子平衡：

反应前有8个氢原子（C_3H_8），反应后也有8个氢原子（$4H_2O$，每个H_2O有2个氢原子，4×2=8）。

(3) 氧原子平衡：

反应前有10个氧原子（$5O_2$，每个O_2有2个氧原子，5×2=10）。

反应后有10个氧原子（$3CO_2$有6个氧原子，$4H_2O$有4个氧原子，6+4=10）。

因此，配平后的方程式 $C_3H_8 + 5O_2 \rightarrow 3CO_2 + 4H_2O$ 完全符合原子守恒原则。

如果你有其他问题，随时可以提问！

图 3-6 案例三

AI 超级演说导师

在当代社会，人们越来越注重学生的全面发展，培养全方位人才成为许多家长、老师非常看重的教育目标。能够熟记书本上的知识，做对题固然重要，可是许多能力对于学生的长远发展也有着非常重要的意义，演讲能力正是如此。通过演讲，学生可以充分彰显自己的个人魅力，把自己的才华展现出来，从而获得更多人的认同，也是未来步入社会的保障。在以前，想要提升学生的演讲能力，只能报课外辅导班，课程价格昂贵，所以对于多数家庭来说并不现实。如今我们可以借助 DeepSeek 的力量，让学生利用 AI 进行自学，提高自己的演讲能力，就像身边有一位 24 小时的演说导师一样，督促自己进步。

第 4 章

4.1　AI 辅助演讲稿创作

在培养学生的演讲能力方面，DeepSeek 最显著的作用之一就是能够辅助学生进行演讲稿创作。

4.1.1　构建演讲大纲

利用 DeepSeek 生成大纲，根据演讲主题和目标，生成一个清晰的演讲稿大纲。一般来说，完整的大纲应该包括引言、正文（包括多个论点或案例）、结论等部分。在提问时，要向 DeepSeek 输入比较完善的背景资料，这样生成的大纲才更加贴合自己的期望。

明确演讲主题。例如："我正在准备一个关于气候变化的演讲，请帮我生成一个演讲稿的大纲。""我打算做一场关于未来科技的演讲，请给我一个结构化的大纲。"

明确演讲受众，了解受众是演讲成功的关键之一，可以告诉 DeepSeek 受众的年龄、背景、兴趣等信息，以便 DeepSeek 调整语言风格和内容深度。例如："我面向的是高中生，想要做一场关于人工智能的演讲，请提供一个适合这个年龄段的大纲。""我的听众是企业高管，演讲主题是数字化转型，能否给我一个更专业的演讲大纲？"

明确演讲风格，可以让 AI 通过自己的演讲受众来判断，也可以提出具体的风格要求，如果有具体的其他要求，也要一并输入。例如："我的演讲需要带有启发性和鼓舞人心的风格，能否生成一个这样的演讲大纲？""演讲风格需要正式且有说服力，请提供一个适合正式场合的大纲。"

请 AI 构建演讲大纲的常规提问公式：

"请帮我生成一个【主题】演讲大纲，目标听众是【受众类型】，时长大约【时间】，需要包括【结构要求】和【特殊要求】。"

该公式是具有一定普遍性的提问范式，涉及具体的提问，可以随着实际情况有所变化。

示例：

"请帮我生成一个关于人工智能的演讲大纲，目标听众是高中生，时长大约 10 分钟，结构包括引言、三个主要观点和结论，重点介绍 AI 的基本概念、未来应用和道德问题。"

"我正在准备一场关于健康饮食的演讲，听众是大学生，时长 15 分钟，需要包含引言、三个核心部分和结论，并且希望在正文中加上一些具体的饮食案例和研究数据。"

"请帮我生成一个关于可持续发展的演讲大纲，目标听众是企业管理层，时长 20 分钟，需要有开场引人入胜的部分、三大主题，以及如何在企业中实践可持续发展。"

"请帮我准备一个关于领导力的演讲，听众是初入职场的年轻人，时长大约 8 分钟，要求大纲中有两部分：如何建立个人领导力、如何影响团队。"

案例一

问：

请帮我生成一个生态环境保护演讲大纲，目标听众是中学生，时长大约 30 分钟，需要包括野生动物保护、水源保护等内容。要求大纲条理清晰、逻辑连贯。

答：

守护家园，从我做起：生态环境保护演讲大纲

目标听众：中学生

时长：30 分钟

主题：守护家园，从我做起

目标：

提高中学生对生态环境保护的认识，了解当前面临的挑战。

激发中学生参与生态环境保护的意识和责任感。

引导中学生从自身做起，践行绿色生活方式，为保护生态环境贡献力量。

大纲：

（1）引言（5 分钟）

互动提问：你心目中的美好家园是什么样子的？（引导学生思考生态环境的重要性）

图片/视频展示：展示美丽自然风光和生态环境破坏的对比图片/视频，引发学生情感共鸣。

引出主题：保护生态环境，就是保护我们共同的家园。

（2）生态环境面临的挑战（10 分钟）

①野生动物保护

现状：介绍濒危野生动物及其生存现状，例如：大熊猫、东北虎、长江江豚等。

威胁：栖息地破坏、非法捕猎、气候变化等。

案例：分享野生动物保护的感人故事或成功案例，例如：朱鹮的保护。

②水源保护

现状：介绍水资源短缺、水污染等现状，例如：河流污染、地下水过度开采等。

威胁：工业废水、农业污染、生活污水等。

案例：分享水资源保护的典型案例，例如：某地水污染治理的成功经验。

（3）守护家园，从我做起（10分钟）

①树立环保意识

学习生态环境保护知识，了解相关法律法规。

关注生态环境问题，积极参与环保宣传活动。

②践行绿色生活方式

节约资源：节约用水、用电，减少一次性用品使用。

绿色出行：尽量选择步行、骑自行车或乘坐公共交通工具。

垃圾分类：学习垃圾分类知识，积极参与垃圾分类。

爱护动植物：不伤害、不食用野生动物，积极参与植树造林等活动。

③影响身边的人

向家人、朋友宣传生态环境保护知识。

积极参与环保志愿活动，带动更多人参与生态环境保护。

（4）结语（5分钟）

呼吁行动：保护生态环境，人人有责，让我们携起手来，从自身做起，从现在做起，共同守护我们美丽的家园！

展望未来：相信通过我们的共同努力，未来的天会更蓝、水会更清、山会更绿，我们的生活也会更加美好！

演讲技巧：

使用生动形象的语言，结合图片、视频等多媒体手段，增强演讲的吸引力。

设置互动环节，例如：提问、游戏等，提高学生的参与度。

分享亲身经历或感人故事，引发学生情感共鸣。

使用积极向上的语言，传递正能量，激发学生的责任感和行动力。

> 备注：
>
> 以上大纲仅供参考，可根据实际情况进行调整。
>
> 演讲过程中要注意控制时间，确保每个部分的内容都能充分展开。
>
> 演讲结束后，可以设置问答环节，解答学生的疑问，并收集学生的反馈意见。

向 DeepSeek 提问"请帮我生成一个生态环境保护演讲大纲，目标听众是中学生，时长大约 30 分钟……"之后。DeepSeek 准确理解提问要求，给出比较详细的答案。答案内容包括四个大的方面，即"引言""生态环境面临的挑战""守护家园，从我做起""结语"。而在这四个大方面下面，

案例二

问：

请帮我生成一个关于健康饮食的演讲大纲，目标听众是各年龄段人群，时长大约 15 分钟，需要包括案例分析和结论。演讲内容可以结合一些流行的饮食误区，谈谈如何通过科学的饮食习惯保持身体健康，并举出一些真实的案例来说明良好的饮食习惯如何改善长期健康。字数 1000。

答：

演讲大纲：健康饮食与科学习惯

（1）引言（2分钟）

开场白：问候听众，介绍演讲主题——健康饮食的重要性。

目标：解释演讲的目的，即帮助各年龄段人群理解科学饮食的重要性，并纠正常见的饮食误区。

概述：简要介绍演讲的结构，包括案例分析、饮食误区、科学建议和结论。

(2) 健康饮食的重要性（3分钟）

身体需求：解释身体对各种营养素的需求，如蛋白质、碳水化合物、脂肪、维生素和矿物质。

长期影响：讨论不良饮食习惯对健康的长期影响，如肥胖、糖尿病、心血管疾病等。

统计数据：引用相关统计数据，展示全球范围内因不良饮食导致的健康问题。

(3) 常见的饮食误区（3分钟）

误区一：低脂饮食就是健康饮食

解释低脂饮食的误区，强调健康脂肪的重要性。

误区二：所有碳水化合物都是坏的

区分简单碳水化合物和复杂碳水化合物，解释后者对身体的益处。

误区三：节食是减肥的最佳方法

讨论节食的短期效果和长期危害，强调均衡饮食的重要性。

(4) 科学饮食习惯（3分钟）

均衡饮食：介绍均衡饮食的概念，包括各类食物的比例。

适量摄入：强调适量摄入的重要性，避免过量或不足。

多样化饮食：鼓励多样化饮食，确保摄入各种营养素。

定时进餐：解释定时进餐对维持血糖水平和代谢健康的重要性。

(5) 案例分析（3分钟）

案例一：约翰的故事

描述约翰如何通过改变饮食习惯，从肥胖和高血压中恢复健康。

案例二：玛丽的故事

讲述玛丽如何通过均衡饮食和适量运动，成功控制糖尿病。

案例三：张先生的故事

分享张先生如何通过多样化饮食和定时进餐，改善消化系统和整体健康。

(6) 结论（2分钟）

总结要点：回顾演讲的主要观点，强调健康饮食的重要性。

行动号召：鼓励听众从今天开始，采取科学的饮食习惯，改善自己的健康状况。

问答环节：邀请听众提问，进一步探讨健康饮食的相关话题。

演讲内容（1000字）

引言

各位听众，大家好！今天我们要探讨的主题是健康饮食。无论你是年轻人、中年人还是老年人，科学的饮食习惯都对我们的身体健康至关重要。不良的饮食习惯可能导致肥胖、糖尿病、心血管疾病等健康问题。通过今天的演讲，我希望大家能够理解健康饮食的重要性，并学会如何通过科学的饮食习惯来保持身体健康。

健康饮食的重要性

我们的身体需要各种营养素来维持正常的功能。蛋白质、碳水化合物、脂肪、维生素和矿物质都是我们日常饮食中不可或缺的部分。不良的饮食习惯，如高糖、高脂肪、高盐的饮食，会导致肥胖、糖尿病、高血压等健康问题。根据世界卫生组织的统计数据，全球每年有数百万人因不良饮食习惯导致的疾病而死亡。因此，健康饮食不仅关乎我们的日常健康，更关乎我们的长期生活质量。

常见的饮食误区

在追求健康饮食的过程中，很多人会陷入一些误区。首先，低脂饮食并不等于健康饮食。事实上，健康脂肪，如不饱和脂肪酸，对心脏健康非常重要。其次，不是所有碳水化合物都是坏的。复杂碳水化合物，如全谷物、蔬菜和水果，富含纤维和营养素，对身体健康有益。最后，节食并不是减肥的最佳方法。节食可能导致营养不良和代谢紊乱，长期来看对健康有害。

科学饮食习惯

科学的饮食习惯包括均衡饮食、适量摄入、多样化饮食和定时进餐。均衡饮食意味着我们要摄入适量的蛋白质、碳水化合物和脂肪，确保身体获得所需的营养素。适量摄入是指我们要控制食物的摄入量，避免过量或不足。多样化饮食可以帮助我们摄入各种营养素，确保身体的全面健康。定时进餐有助于维持血糖水平和代谢健康，避免暴饮暴食。

案例分析

让我们通过几个真实的案例来看看良好的饮食习惯如何改善长期健康。首先是约翰的故事。约翰曾经因为高脂肪、高糖的饮食习惯导致肥胖和高血压。通过改变饮食习惯，增加蔬菜和水果的摄入，减少高脂肪和高糖食物的摄入，约翰成功减重并控制了血压。其次是玛丽的故事。玛丽患有糖尿病，通过均衡饮食和适量运动，她成功控制了血糖水平，减少了药物依赖。最后是张先生的故事。张先生长期消化不良，通过多样化饮食和定时进餐，他的消化系统得到了显著改善，整体健康状况也有所提升。

结论

通过今天的演讲，我们了解了健康饮食的重要性，纠正了一些常见的饮食误区，并学习了科学的饮食习惯。希望大家能够从今天开始，采取科学的饮食习惯，改善自己的健康状况。健康饮食不仅关乎我们的日常健康，更关乎我们的长期生活质量。让我们共同努力，通过科学的饮食习惯，保持身体健康，享受美好生活！

问答环节

现在，我邀请大家提问，进一步探讨健康饮食的相关话题。谢谢大家！

通过这个演讲大纲和内容，我希望能够帮助大家理解健康饮食的重要性，并学会如何通过科学的饮食习惯来保持身体健康。

案例三

问：

请帮我生成一个哲学领域的演讲大纲，目标听众是初中生，希望对他们有所启发，时长约10分钟，主要将哲学的起源相关内容，要求具有一定趣味性和吸引力。字数500。

答:

探索哲学起源：开启智慧之旅演讲大纲

开场（1分钟）

用一个有趣的小故事引出哲学思考，比如"忒修斯之船"的故事，引发学生兴趣。

哲学是什么（2分钟）

简单解释哲学的概念，用生活中的常见问题，如"什么是公平"来举例，让学生明白哲学就是对这些基本问题的思考。

哲学的起源（3分钟）

介绍哲学起源于人类对世界的好奇，以古希腊哲学家仰望星空思考宇宙本质为例。

讲述不同文明中哲学的起源，如中国古代老子对"道"的思考，对比不同文明哲学起源的异同。

早期哲学家的故事（3分钟）

讲述泰勒斯预测日食的故事，体现他对自然规律的探索，他是西方哲学史上第一个有记载的思想家。

介绍毕达哥拉斯发现数学规律，强调他对世界秩序的追求，数学与哲学的早期联系。

总结（1分钟）

回顾哲学起源的要点，鼓励学生保持好奇心，像早期哲学家一样思考生活中的问题。

4.1.2 生成演讲稿内容

随着人工智能技术的不断发展，学生们可以通过 DeepSeek 生成演讲稿内容,这为他们提供了一个强大的支持工具。仿佛有一个超级演讲导师随时待命,为每个学生量身定制演讲内容。DeepSeek 为学生所提供的这种一对一虚拟辅导,让学生可以在短时间内提升演讲稿的质量,使其更加有条理、精准且富有说服力。

请 DeepSeek 生成演讲稿内容时,学生用户要将已经完成的演讲大纲发送给 DeepSeek,然后请其根据大纲来填充内容,同时可提出自己关于内容的细致要求,比如调整内容的侧重点等。

提问示例一:"这是我已经完成的演讲大纲,请根据这个大纲来生成详细的演讲稿。请确保内容连贯、清晰,逻辑严密。"

提问示例二:"请根据我的演讲大纲生成内容,并在演讲中更多地侧重于'××'这一部分。可以适当扩展相关的理论与案例分析。"

提问示例三:"基于这个大纲生成演讲稿时,能不能把语言风格调整得更简洁直白一些?我的目标是让听众容易理解,并保持关注。"

案例一

问:

这是我已经完成的演讲大纲,请根据这个大纲生成详细的演讲稿,确保内容具有一定的吸引力。字数 1000。

气象学演讲大纲……(此处省略)

答:

探索气象学:揭开天气背后的奥秘演讲稿

尊敬的各位听众:

大家好!不知大家是否还记得,某个夏日傍晚,天边突然被染成了橙红色,那如梦幻般的晚霞,像是大自然用画笔肆意挥洒的杰作;又或者在某个午后,

AI 教育：
令人惊叹的人工智能超级导师

天空突然乌云密布，倾盆大雨瞬间落下。每当这些时刻，你有没有好奇过，这些天气现象究竟是怎么形成的呢？今天，就让我们一起走进气象学，揭开天气背后的奥秘。

我们每天都在和天气打交道，晴天时阳光明媚，让人心情愉悦；多云天，云朵像棉花糖飘浮在空中；雨天，滴答的雨滴奏响独特的乐章；雪天，洁白的雪花纷纷扬扬，世界银装素裹。这些不同的天气，其实是由几个关键要素共同塑造的。温度，决定了我们是要穿短袖还是棉袄；湿度，影响着空气的干燥或湿润程度；气压，虽然看不见摸不着，却在默默影响着天气的变化；还有风力，微风拂面是惬意，狂风呼啸则是危险的信号。这些要素相互作用，就有了我们看到的多样天气。

气象学，简单来说，就是研究大气现象及其变化规律的科学。就拿降雨来说，当水汽在大气中不断上升，遇冷就会凝结成小水滴，众多小水滴聚集在一起，就形成了云。随着云里的水滴不断碰撞、聚合，变得越来越大，当空气再也托不住它们时，雨滴就纷纷落下。而台风的形成则更复杂，它起源于热带海洋上的低压系统，那里温暖的海水就像给低压系统注入了能量，让它不断吸收水汽，逐渐发展壮大，最终成为破坏力巨大的台风。

人类对天气的探索由来已久。在中国古代，人们根据长期的观察和经验，总结出了二十四节气，指导着农事生产。古人还会通过观察天象，比如星星的位置、云的形状，以及动植物的变化来预测天气。而到了现代，气象学有了飞跃式的发展。从最初简单的温度计、气压计，到如今借助卫星遥感技术，我们可以从太空俯瞰地球的气象变化；数值天气预报利用超级计算机，对大量气象数据进行分析，让天气预报越来越精准。

回顾今天的内容，我们了解了天气的要素、气象学的奥秘以及它的发展历程。气象学与我们的生活息息相关，它不仅能帮助我们提前做好出行准备，在农业、航空、航海等领域都起着关键作用。希望大家能从此对气象学多一份关注，多一份热爱，一起探索这奇妙的自然科学。未来，气象学也将在应对气候变化等全球性挑战中发挥更大的作用，让我们共同期待！

谢谢大家！

将已经完成的演讲大纲发送至 DeepSeek，并附加要求"这是我已经完成的演讲大纲，请根据这个大纲生成详细的演讲稿，确保内容具有一定的吸引力"。DeepSeek 收到指令后，快速给出答复，给出比较完善的气象学演讲稿内容。

案例二

问：

基于这个大纲生成演讲稿时，能不能把语言风格调整得更简洁直白一些？我的目标是让听众容易理解，并保持关注。

新媒体传播演讲大纲……（此处省略）

答：

新媒体传播：开启信息新时代演讲稿

亲爱的朋友们：

大家好！不知道你们最近有没有刷到那个在网上爆火的跳舞视频？短短几天，播放量就突破了千万，还引发了一大波模仿热潮。这就是新媒体传播的力量，它能让一个普通的内容瞬间传遍大江南北。今天，咱们就一起来聊聊新媒体传播，看看它到底有多厉害。

先来说说啥是新媒体。简单讲，新媒体就是利用数字技术、网络技术进行信息传播的媒体。和传统媒体比起来，它传播速度快多了，一条消息发出去，几秒钟就能被全世界看到。而且互动性强，你在网上看到喜欢的内容，能马上点赞、评论、转发。像微信，我们能随时随地和朋友聊天、分享生活；抖音呢，各种有趣的短视频让人刷得停不下来；微博更是热点事件的首发地，大事小情都能在上面快速传播。这些平台都有各自的特点，也在我们的生活里扮演着不同的角色。

新媒体可不是一下子就发展成现在这样的。最开始，互联网刚兴起的时候，网页很简单，主要就是展示信息。后来社交媒体出现了，人们可以在上面分享自己的生活，和朋友互动。再到现在，短视频爆发，随时随地拍视频、

> 发视频成了常态。新媒体的发展速度越来越快，不断改变着我们接收信息和交流的方式。
>
> 那怎么做好新媒体传播呢？首先是内容创作。得做出优质、有趣、有价值的内容，大家才愿意看。比如写爆款文案，标题要吸引人，内容要实用或者有趣。再就是互动，多回复评论，和用户聊聊天，也可以举办线上活动，像抽奖之类的，这样能让用户更愿意关注你。还有数据分析，通过分析用户画像，了解你的受众是哪些人，再看看阅读量、点赞数这些数据，就能知道什么样的内容更受欢迎，然后调整自己的传播策略。
>
> 今天我们了解了新媒体的定义、发展历程，还学了一些传播技巧。未来，元宇宙、AI 肯定会给新媒体带来更多变化，新媒体行业还有很大的发展空间。希望大家都能多了解新媒体，说不定以后你也能在这个领域大显身手！
>
> ……

由于提问的时候预先表明了自己的目标"让听众容易理解，并保持关注"，所以 DeepSeek 生成的演讲稿内容没有"门槛儿"，非常容易理解，即使是没有传播学相关知识的人群也能听懂。

4.1.3 进一步优化演讲稿内容

学生能够利用 DeepSeek 进一步优化演讲稿内容。当学生借助 DeepSeek 的能力，构建演讲大纲，并且根据演讲大纲请 DeepSeek 生成演讲稿内容后，也存在对于内容不够满意的可能性，这时候就可以进一步优化演讲稿。

要知道，DeepSeek 虽然具备非常强的内容分析和整合能力，但是由于它是大数据模型，在内容生成方面仍然具有一些随机性，生成的内容可能不是与要求的 100% 贴合，所以这时候进一步优化演讲稿内容，也是非常必要的。

请 DeepSeek 优化演讲稿内容时，比较常用的提问语言套路大概包括这样几种类型：优化结构、调整风格、提升说服力、调整演讲内容侧重点、增加互动性内容等。

4.1.3.1 优化结构

优化结构，用户可对 DeepSeek 下达类似如下指令：

"请优化一下这篇演讲稿的结构，使得各个部分的衔接更加自然，逻辑更加清晰。特别是 ×× 部分，我希望能更有层次感。"

"能否调整一下这篇演讲稿的段落顺序，使得主题过渡更加流畅？"

4.1.3.2 调整风格

调整风格，用户可对 DeepSeek 下达类似如下指令：

"能否将演讲稿中的语言风格调整得更加简洁明了，避免过于复杂的术语？"

"我希望这篇演讲稿的语气更加亲和，能否让语言更加生动接地气？"

4.1.3.3 提升说服力

提升说服力，用户可对 DeepSeek 下达类似如下指令：

"在演讲稿中，能否再提供一些具有说服力的论据或案例？"

"请在演讲稿的内容中加入一些知名人士的理论支撑，使内容更具权威性。"

4.1.3.4 调整演讲内容侧重点

调整演讲内容侧重点，用户可对 DeepSeek 下达类似如下指令：

"这篇稿子似乎更侧重于 A 部分，我希望能将重心转移到 B 部分，能否帮我调整一下内容的侧重点？"

"请减少对 ×× 的讨论，更多地集中在 ××× 的展开上，突出主题的核心观点。"

4.1.3.5 增加互动性内容

增加互动性内容，用户可对 DeepSeek 下达如下指令：

"在 ×× 部分，可否帮我加入一些互动环节，如提问，让听众参与进来，增加演讲的互动性？"

"可否在 ×× 提出一个发人深省的问题，让听众产生反思，内心出现共鸣？"

案例一

问：

请优化一下这篇演讲稿的结构，使得各个部分的衔接更加自然，逻辑更加清晰。特别是呼吁大家行动起来的部分，我希望能更有号召力。

守护绿色家园，共筑美好未来演讲稿

亲爱的朋友们：

大家好！当我们漫步在城市街头，是否注意到垃圾桶旁堆积如山的垃圾？当我们望向天空，又是否为那浑浊的雾霾而感到忧心？当我们走近河流，刺鼻的气味和漂浮的垃圾是不是让我们心生厌恶？这些，都是我们的环境正在发出的"求救信号"，环保，已经刻不容缓。

我们的地球，曾经是一颗美丽的蓝色星球，森林茂密，河流清澈，天空湛蓝。可如今，过度砍伐让森林面积不断缩小，无数动物失去了家园；工业废水肆意排放，许多河流湖泊不再清澈，变成了臭水沟；大量的汽车尾气和工厂废气，让蓝天白云成了奢侈品。这些环境问题，不仅破坏了我们的生态平衡，更威胁着我们的健康和未来。

也许有人会问，环保这么大的事，我们普通人能做些什么呢？其实，环保就在我们身边的点点滴滴。出门时，多选择公共交通、自行车或者步行，既能减少碳排放，又能锻炼身体；在家里，做好垃圾分类，让可回收物得到循环利用；购物时，带上自己的环保袋，减少一次性塑料袋的使用。这些小小的举动，汇聚起来就是巨大的环保力量。

企业和政府在环保中也扮演着关键角色。企业要积极采用环保技术，减少生产过程中的污染排放；政府要加强环境监管，制订严格的环保政策，推动可持续发展。只有全社会共同努力，我们才能守护好我们的绿色家园。

朋友们，环保不是一句口号，而是实实在在的行动。让我们从现在做起，从自己做起，用每一个小小的行动，为地球增添一抹绿色。相信在我们的共同努力下，蓝天白云会再次成为常态，清澈的河流会重新流淌，我们的地球家园将变得更加美好！

答：

守护绿色家园，共筑美好未来演讲稿

亲爱的朋友们：

大家好！走在城市的街道上，垃圾在垃圾桶边堆积，散发着难闻的气味；抬头望向天空，雾霾常常将阳光遮蔽，让天空不再湛蓝；靠近河流，看到的是浑浊的水面和漂浮的垃圾，曾经的清澈早已不见。大家有没有想过，这样的环境是如何变成现在这样的？其实，这都是我们长期忽视环境保护的后果，环保，已经是一件刻不容缓的事情。

大家都知道，地球曾经是一个非常美丽的地方，到处都是茂密的森林，河流清澈见底，天空湛蓝得像一块宝石。可是现在呢？因为人类过度砍伐树木，森林面积越来越小，很多动物失去了它们的家；工厂随意排放工业废水，清澈的河流湖泊变成了臭水沟；汽车尾气和工厂废气大量排放，让蓝天白云越来越少见。这些环境问题，不仅破坏了大自然的平衡，还严重威胁着我们的健康和未来。

或许有人会疑惑，环保是如此宏大的工程，我们普通人能做些什么呢？实际上，环保就在我们日常生活的每一个小细节里。当你出门选择坐公交、骑自行车或者步行，不仅能减少碳排放，还能锻炼身体；在家做好垃圾分类，那些可回收物就能重新被利用；购物时带上环保袋，就能少用一个一次性塑料袋。每个人看似微不足道的行动，一旦汇聚起来，就能成为改变环境的强大力量。

当然，环保不仅仅是我们普通人的责任，企业和政府同样肩负着重要使命。企业要积极采用环保技术，在生产过程中减少污染物的排放；政府则要加强环境监管，制订并执行严格的环保政策，推动整个社会朝着可持续发展的方向前进。只有我们每个人、每个企业、政府部门都齐心协力，才能真正守护好我们的绿色家园。

朋友们，环保不是一句空洞的口号，而是需要我们实实在在去做的行动。从现在开始，从自己做起，让我们用每一个小小的行动，为地球增添一抹绿色。

> 想想看，当我们共同努力，蓝天白云会再次成为生活的日常，清澈的河流会重新欢快流淌，我们的地球家园将再次充满生机与活力。让我们一起行动起来，为了我们的美好未来，为了我们的地球家园！

将原始演讲文稿发送给 DeepSeek，请它进行优化，在指令的限制作用下，答案有了一些变化，尤其是行动号召部分显得更加丰满。

案例二

> **问：**
>
> 这篇稿子似乎更侧重于人文旅游，我希望能将重心放在自然风光旅游方面。
>
> 你是否曾在某个瞬间，被一张远方的照片吸引，渴望踏上那片陌生的土地？又或者在听别人讲述旅行故事时，内心涌起无限憧憬？旅行，就像是一场奇妙的冒险，它能打破生活的平淡，为我们带来全新的体验。今天，就让我们一起走进旅行的世界，感受它独特的魅力。
>
> 我永远记得第一次踏上异国他乡土地的那一刻。那是在日本京都，古旧的街道上，身着传统和服的女子袅袅婷婷地走过，街边的樱花树在微风中轻轻摇曳，花瓣如雪般飘落。那一刻，我仿佛穿越时空，感受到了历史与现代的交融。还有在新西兰皇后镇，当我乘坐着喷射快艇，在湍急的河流中飞速穿梭，两岸壮丽的峡谷风光呼啸而过，那种心跳加速的刺激和对大自然鬼斧神工的赞叹，至今仍历历在目。这些旅行中的经历，不仅拓宽了我的视野，更让我学会从不同的角度看待世界。
>
> ……（此处省略）
>
> **答：**
>
> 踏上旅程，遇见世界：探索旅行的无限魅力演讲稿
>
> 你是否曾被一张壮美的自然风光照片击中内心，望着照片中那巍峨的山

脉、无垠的沙漠或是湛蓝的大海，心底涌起对远方的无限向往？又或者，在听别人分享旅途中的自然奇景时，内心满是憧憬，渴望自己也能置身其中？旅行，宛如一场奇妙的冒险，它能打破日常的平淡，带领我们领略大自然的鬼斧神工，今天，就让我们一同走进自然旅行的精彩世界。

我永远忘不了第一次站在张家界天子山的观景台上，俯瞰那片奇峰异石的震撼。一根根石柱拔地而起，直插云霄，云雾在其间缭绕，如梦如幻，仿佛闯入了仙境。还有在贝加尔湖，冬季的湖面结着厚厚的冰，阳光穿透冰层，折射出五彩的光芒，那纯粹而宁静的美，让我沉浸其中，忘却了一切烦恼。当我站在撒哈拉沙漠，目之所及是一望无际的金色沙丘，连绵起伏，在夕阳的余晖下，沙海被染成了橙红色，美得让人窒息。这些与大自然亲密接触的瞬间，不仅拓宽了我的视野，更让我对世界有了全新的认知。

自然旅行的意义，远不止欣赏美景这么简单。它是一次心灵的洗礼，当我们置身于广阔的天地之间，感受着大自然的磅礴与伟大，内心的烦恼与压力都会被一扫而空。站在雄伟的瀑布前，听那震耳欲聋的轰鸣声，看着水花飞溅，能深切体会到自身的渺小与自然的强大生命力。在静谧的森林中漫步，呼吸着清新的空气，聆听鸟儿的歌声，能让我们的身心得到深度的放松与治愈。同时，自然旅行也让我们对大自然多了一份敬畏之心，激励我们去保护这些珍贵的自然资源。

如果你渴望踏上自然之旅，却不知从何开始，不妨先从周边的自然景点入手。周末可以去附近的山林徒步，感受树木的生机与泥土的芬芳；或者去郊外的湖泊垂钓，享受宁静的时光。等积累了一定经验，再去探索更远更独特的自然景观。制订旅行计划时，要提前了解目的地的气候、地形等信息，准备好合适的装备。但别把行程安排得太满，留出时间去感受大自然的节奏，也许在不经意间，你就能邂逅一场绝美的日出，或是偶遇一只可爱的小动物，收获意想不到的惊喜。

朋友们，大自然是一本读不完的书，每一处风景都是独特的篇章。世界那么大，值得我们去看看。

......

4.2 AI 制订演说训练计划

DeepSeek 能够帮助学生制订演说训练计划，针对各个学生自身的不同情况，生成个性化的训练计划，供学生自由选取。

在具体操作时，学生要先反思自身，思考自己在演讲能力方面有哪些优势和劣势，结合自己的劣势向 DeepSeek 提问。比如，自己在演讲语气重音方面把控不足，可以向 DeepSeek 询问相关技巧，也可以把预演讲的文稿内容发送给 DeepSeek，请它帮忙分析演讲时的重音、重点等。

学生向 DeepSeek 提问时，要将自己的目标说清楚，这样 DeepSeek 才能提供针对性的建议。

4.2.1 轻重音训练计划

在演讲过程中，轻重音的运用非常重要，简单来说，就是在该轻的地方轻，该重的地方重。如果在演讲中长时间用重音强调，可能会让听众听觉疲劳，如果总是把声音放轻，又会让听众抓不住重点，甚至听不清演讲的内容，所以轻重音的把控是非常重要的。

提问模板一："我在演讲时希望能更好地运用轻重音来突出重点，使演讲更有感染力。能帮我制订一个训练计划吗？"

提问模板二:"我想提高我在演讲中对轻重音和语音节奏的掌控能力。请给我一些针对性的训练建议,帮助我避免单调平淡的语音表达。"

提问模板三:"我希望能在演讲中运用恰当的轻重音来增强语言的韵律感和吸引力。能否帮我制订一个训练计划,帮助我提升这方面的技巧?"

提问模板四:"我即将参加一场学校演讲比赛,想提高在比赛中运用轻重音的技巧。能否给我一份相关的训练计划?"

提问模板五:"我想提高演讲时语音的变化性,特别是在轻重音的运用上,请制订一个具体的训练计划?"

提问模板六:"我感觉自己的演讲中轻重音掌控不够好,导致某些重点词语没有得到充分的强调。你能帮我制订一个训练计划吗?"

案例一

问:

我在演讲时希望能更好地运用轻重音来突出重点,使演讲更有感染力。能帮我制订一个训练计划吗?

答:

当然可以。针对你希望在演讲中更好地运用轻重音来突出重点并增强感染力的需求,以下是一个为期一周的初步训练计划。这个计划旨在通过一系列练习帮助你提高对语音语调的控制,让你的演讲更加生动有力。

演讲轻重音训练计划(一周)

第一天:理解轻重音的重要性

理论学习:阅读或观看关于语音语调、轻重音在演讲中作用的资料。

观察学习:观看一些优秀的演讲视频,注意演讲者是如何运用轻重音来强调关键信息的。

日记反思：记录下你对轻重音运用的初步理解和感受。

第二天：基础语音练习

发音练习：练习元音和辅音的清晰发音，确保每个字都能被听众清晰理解。

语调变化：练习不同语调（升调、降调、平调）的转换，感受语调变化对表达情感的影响。

录音分析：录下自己朗读一段文字，分析哪些地方应该加重音，哪些地方应该轻柔，并尝试调整。

第三天：轻重音运用练习

重点标注：选择一段演讲稿，用不同颜色或符号标注出你想要强调的重点词汇或句子。

朗读练习：朗读这段演讲稿，特别注意在标注的重点处运用轻重音。

反馈调整：可以请家人或朋友听你朗读，或自己录音后分析，根据反馈调整轻重音的运用。

第四天：情感表达练习

情感词汇：找出一些能够引发特定情感的词汇（如"喜悦""悲伤""愤怒"等），练习在不同情感下运用轻重音。

情景模拟：设定不同的演讲情景（如激励团队、讲述故事、阐述观点等），在这些情景中练习运用轻重音来增强感染力。

……

根据提问者的问题，DeepSeek针对演讲轻重音把控方面提出了一周训练计划，计划比较全面，涉及多方位的训练措施。当然，如果学生觉得一周的计划不足以让自己的能力获得质的飞跃，还可以继续提问，请文心一言制订一个较为长期的训练计划。

接上

问：

我认为一周的训练计划较短，可否帮我制订为期一个月的计划，让我在演讲轻重音把控方面获得更大的提升（请帮我做成表格形式，更加一目了然）？

答：

周次	训练目标	训练内容	训练时长	反馈与调整
第一周	基础巩固与理论理解	（1）理论学习：语音语调、轻重音原理 （2）发音练习：元音、辅音 （3）语调变化练习 （4）日记反思	每天 30 分钟	自我反思日记
第二周	轻重音运用与初步情感表达解	（1）重点标注与朗读练习 （2）情感词汇练习 （3）录音分析与调整 （4）家人/朋友反馈	每天 45 分钟	根据反馈调整
第三周	情景模拟与综合练习	（1）设定不同演讲情景练习 （2）完整演讲稿练习 （3）视频录制与分析 （4）小组讨论与分享	每天 60 分钟	小组讨论反馈
第四周	模拟演讲与总结反思	（1）家人/朋友/老师面前模拟演讲 （2）反馈整合与调整 （3）总结反思日记 （4）未来规划制订	每周 2 次模拟	

详细说明

第一周：主要进行基础巩固和理论理解，确保你对语音语调、轻重音的原理有清晰的认识。每天进行发音练习和语调变化练习，同时记录日记反思自己的进步和不足。

第二周：开始尝试在演讲中运用轻重音，并初步融入情感表达。通过重点标注和朗读练习，以及情感词汇的练习，逐渐掌握轻重音的运用方法。每天录音并分析自己的演讲，同时寻求家人或朋友的反馈进行调整。

第三周：在模拟的演讲情景中综合运用轻重音，提升演讲的感染力。选择完整的演讲稿进行练习，并录制视频进行分析。可以组织小组讨论，分享各自的练习成果和心得，互相学习和借鉴。

第四周：通过模拟演讲检验训练成果，总结反思并规划未来训练方向。在家人、朋友或老师面前进行模拟演讲，注意他们的反应和反馈。根据反馈整合自己的演讲技巧和轻重音运用，确保演讲更加自然流畅。同时，制订一个长期的演讲训练计划，包括持续练习轻重音、探索其他演讲技巧等。

……

案例二

问：

我感觉自己的演讲中轻重音掌控不够好，导致某些重点词语没有得到充分的强调。我是一名初三的学生，具有一定的演讲经验，擅长地理学相关内容，正在准备在3个月后的校园演讲大赛，根据我的具体情况，你能帮我制订一个训练计划吗？

答：

演讲轻重音掌控训练计划（3个月）

第一阶段：基础巩固与理论理解（第1—4周）

目标：巩固语音基础，理解轻重音在演讲中的作用，初步掌握轻重音的运用技巧。

周次	训练内容	训练时长
1	理论学习：语音语调、轻重音原理及其在演讲中的应用	每天30分钟
2	发音练习：元音、辅音的清晰发音，语调变化练习	每天30分钟
3	录音分析：朗读地理学相关文章，分析轻重音运用情况，尝试调整	每天45分钟
4	小组讨论：与同学分享练习心得，互相点评，提出改进建议	每周1次，每次1小时

第二阶段：地理学内容融入与轻重音实践（第5—8周）

目标：将地理学内容融入演讲，通过实践掌握轻重音在地理学演讲中的具体应用。

周次	训练内容	训练时长
5	地理学演讲稿撰写：选择感兴趣的地理学主题，撰写演讲稿	每周2篇，每篇初稿2小时，修改1小时
6	重点标注与朗读练习：在演讲稿中标注重点词语，进行朗读练习	每天45分钟
7	情感与情境融入：根据地理学内容，尝试在演讲中融入情感与情境	每天30分钟

续表

周次	训练内容	训练时长
8	视频录制与分析：录制地理学演讲视频，分析轻重音运用效果，调整	每周1次，每次录制与分析1小时

第三阶段：模拟演讲与综合提升（第9—12周）

目标：通过模拟演讲检验训练成果，综合提升演讲技巧，为校园演讲大赛做准备。

周次	训练内容	训练时长
9	设定不同演讲情景练习：如课堂讲解、学术报告、辩论等	每周3种情景，每种情景练习1小时
10	完整演讲稿练习：选择一篇最满意的演讲稿，进行完整练习	每天60分钟
11	模拟演讲大赛：在家人、朋友或老师面前进行模拟演讲，收集反馈	每周2次，每次模拟演讲后收集反馈并调整

第二阶段：地理学内容融入与轻重音实践（第5—8周）

目标：将地理学内容融入演讲，通过实践掌握轻重音在地理学演讲中的具体应用。

周次	训练内容	训练时长
12	总结反思与未来规划：回顾训练过程，总结进步与不足，制订未来演讲计划	1次，总结反思与规划共2小时

注意事项

保持耐心与坚持：语音语调的训练需要时间和耐心，不要急于求成，坚

> 持每天练习。
>
> 　　积极反馈与调整：寻求家人、朋友、老师或同学的反馈，根据反馈及时调整自己的演讲技巧和轻重音运用。
>
> 　　多样化练习：尝试在不同的场合和情境下练习演讲，如课堂、家庭、户外等，提升自己的适应能力和应变能力。
>
> 　　注重情感表达：地理学演讲不仅要有准确的知识传递，还要注重情感表达，通过轻重音的运用增强演讲的感染力。

　　见案例二，学生向 DeepSeek 提问后，文心一言根据学生的具体情况，提出三个月的训练计划，并且适当结合学生的优势学科，计划比较全面，按周次进行，分别 12 个小阶段，以及 3 个大阶段，有很强的实践性。

4.2.2 演讲信心提升计划

　　DeepSeek 就像一个"知心朋友"，当学生缺乏演讲信心时，可以向 AI 软件寻求帮助，请其为自己制订一个个性化的演讲信心提升计划，照着计划去完善自己，提升自己。

　　学生在提问时可以根据一个简单的模板或公式来组织问题，确保问题清晰、具体。

4.2.2.1 目标 + 问题 + 需求

模板:"我希望/想要【目标】,但是【当前遇到的问题】。能否为我提供一个【类型/领域】的计划,帮助我【需求】?"

4.2.2.2 目标 + 场景 + 持续时间 + 期望结果

模板:"我的目标是【目标】,我通常在【场景】进行演讲。请为我设计一个【持续时间】的计划,帮助我在【期望结果】方面取得进展。"

4.2.2.3 问题 + 目标 + 训练方法

模板:"我在【问题描述】时遇到了困难,导致我【结果/表现不佳】。我希望通过【目标】来解决这个问题。请为我提供【训练方法】,帮助我改善这个方面。"

案例一

问:

我报名了学校的演讲比赛,但每次想到要站在台上演讲就感到非常紧张。我希望在比赛之前能够增强自信,确保自己可以清晰、有条理地表达我的观点。请帮我制订一个训练计划,帮助我在比赛中表现得更加自信。

答:

以下是一个为期四周的逐步训练计划,旨在帮助你克服紧张情绪,提高演讲技巧,最终在比赛中表现出色。

第一周：基础准备与心理建设

目标：熟悉演讲内容，建立积极的自我认知。

选择主题与撰写演讲稿：确定一个你感兴趣且能激发听众兴趣的主题。撰写一份结构清晰、逻辑连贯的演讲稿，包括引言、正文（要点逐一展开）、反驳观点（如有）、总结和结尾。

正面思维练习：每天进行 5 分钟的正面肯定练习，如"我可以做到"，"我的演讲会打动人心"。记录并反思每日的小成就，增强自信心。

深呼吸与放松训练：学习并实践腹式呼吸，每次紧张时尝试几次深呼吸来放松。利用冥想或瑜伽进行身心放松。

第二周：演讲技巧提升

目标：提高语言表达与肢体语言的运用能力。

朗读与录音：每天大声朗读你的演讲稿，注意语速、音量和语调的变化。录音并回放，分析哪些地方可以改进，如停顿、发音清晰度等。

肢体语言练习：镜子前练习，观察并调整你的站姿、手势和面部表情，使其更加自然有力。可以观看优秀演讲者的视频，学习他们的肢体语言技巧。

模拟演讲：在家人或朋友面前进行模拟演讲，获取反馈。注意听众的反应，调整演讲的节奏和内容。

第三周：应对紧张与即兴演讲

……

在案例一中，问题包含了学生的部分个人信息，着重提及"紧张""增强信心"等字眼，DeepSeek 给出的演讲训练计划围绕主题，着重于增强学生的演讲信心。

案例二

问：

我即将进行一个校园演讲，评委老师会给我打分，但我总是觉得自己无法完美地展示，尤其是面对老师和评委时，我容易紧张。我的优点是头脑反应比较快，有时能够随机应变，但是如果过于紧张，可能控制不好自己的声音，有些许发抖，请帮我制订一个训练计划，帮助我提高自信，能够流畅地展示我的演讲内容。

答：

面对公开演讲时的紧张情绪是很常见的，但通过系统的准备和训练，你可以显著提升自己的自信心和演讲能力。以下是一个为期一周的训练计划，旨在帮助你克服紧张感，提高演讲流畅度：

第1天：准备阶段—内容与结构

明确主题：确保你的演讲主题清晰、有吸引力，并且是你熟悉或感兴趣的领域。

构建大纲：根据主题，列出演讲的主要观点和小标题，形成一个逻辑清晰的大纲。

撰写初稿：根据大纲，撰写演讲的初稿，注意开头要引人入胜，中间部分内容丰富且有说服力，结尾总结有力且留下深刻印象。

第2天：练习与反馈—初步演练

自我练习：找一个安静的地方，大声朗读你的演讲稿，注意语速、语调和停顿。

录音/录像：用手机或相机录下自己的演讲，之后回看，观察肢体语言、面部表情及可能的紧张表现（如声音颤抖）。

寻求反馈：向信任的朋友或家人展示你的演讲视频，听取他们的意见和建议，特别是关于如何减少紧张感和提高表达自然度的建议。

第3天：技巧提升一应对紧张

深呼吸：学习并实践深呼吸技巧，这有助于在紧张时放松身体和稳定情绪。

正念冥想：每天花5—10分钟进行正念冥想，专注于当下，减少焦虑感。

视觉化成功：想象自己在演讲中表现得非常自信、流畅，感受那份成功带来的喜悦和成就感。

第4天：强化练习一多次模拟

模拟演讲：在不同的环境（如家中、公园、教室）进行模拟演讲，适应不同的场地和观众感受。

时间控制：确保你的演讲在预定时间内完成，必要时调整内容或语速。

互动练习：加入问答环节，练习如何回答可能的问题，增强现场互动能力。

第5天：细节优化一肢体与声音

肢体语言：练习自然的手势、眼神交流和微笑，使演讲更加生动有力。

声音训练：通过朗读练习，提高声音的清晰度、音量和变化，尝试用不同语调强调重点。

使用道具：如果适用，准备一些简单的道具或PPT辅助说明，使演讲更加直观易懂。

第6天：全面复盘一整合提升

综合回顾：结合前几天的练习，对演讲进行最后一次全面梳理，调整细节。

心理准备：正面思考，提醒自己过去的成功经历，增强自信心。

休息充足：保证充足的睡眠，为演讲日储备能量。

第7天：演讲日 - 实战演练

早到准备：提前到达演讲地点，熟悉环境，进行最后的彩排。

正面心态：保持积极的心态，相信自己已经做好了充分准备。

享受过程：将演讲视为一次分享和交流的机会，享受与听众互动的过程。

记住，每个人的演讲都会有瑕疵，重要的是你如何传递你的热情和真诚。

通过持续的努力和练习，你一定能够克服紧张，展现出最好的自己。加油！

AI 超级英语导师

AI 的卓越能力还体现在英语辅助方面，学生可利用 AI 软件提高自己的英语水平，无论是单词记忆还是对话练习，亦或是阅读训练，在熟练掌握 AI 软件的情况下，都不再是问题。本章 AI 超级英语导师的内容，主要以"讯飞星火大模型"做示范，其中的"讯飞智能体"有许多学习方面的便捷应用，非常适合学生使用。

第 5 章

5.1 AI 帮你记单词

积累足量的单词是学好英语的"第一步",如果说英语学习是搭建摩天高楼的过程,那么学好英语单词就是打地基的环节,是重中之重。可是面对大量的英语词汇,许多学生"犯了难",如今利用 AI 软件,使用大模型,学生可以快速查询,并且请 AI 提供单词相关的翻译、用法、例句等。

5.1.1 单词学习

学生可以要求 AI 软件帮助自己记忆英语单词,向 AI 软件发问。

提问示例一:"请帮我记住一些常见的英语单词。"

提问示例二:"帮我记一些高频词汇,适合初中生的。"

提问示例三:"给我列出 10 个日常生活中常用的英语单词,并用这些单词造句。"

案例一(智能体英语单词),如图 5-1 所示。

问:

请帮我提供 1 个初中高频英语单词,以及翻译、用法、例句等内容。

> 请帮我提供1个初中高频英语单词，以及翻译、用法、例句等内容。

单词：**important**

(1) 读音：/ɪmˈpɔːrtənt/
(2) 中文翻译：重要的
(3) 用法：形容词，用于描述具有重大意义或影响的事物。
(4) 例句：It is important to exercise regularly. (定期锻炼是很重要的。)
(5) 常见组合：Importantly, importance
(6) 近义词：significant, crucial, vital
(7) 反义词：unimportant, insignificant
(8) 前缀：im- (表示否定)
(9) 后缀：-ant (形容词后缀)
(10) 词源：来自拉丁语 "importare"，意为"带来"。
(11) 词根：port (携带)
(12) 词根的组成词：transport, export, import
(13) 记忆方法：想象一个场景，你正在搬运（port）一件非常重的包裹，这件包裹对你来说非常重要（important）。
(14) 应用举例：The meeting was important because it would determine the company's future direction. (这次会议很重要，因为它将决定公司的未来方向。)
(15) 常见搭配：important issue, important decision, play an important role

图 5-1 案例一

案例二（智能体英语单词）

问：

给我提供1个英语高考的高频单词，包括其用法等。

答：

单词：Significant

读音：【sɪgˈnɪfɪkənt】

中文翻译：重要的，有意义的

常见组合：

(1) Significant other(SO)——重要他人，通常指恋人或配偶。

(2) Significant change——重大变化。

(3) Significant impact——重大影响。

近义词：

（1）Important。

（2）Crucial。

（3）Vital。

（4）Essential。

反义词：

（1）Insignificant。

（2）Trivial。

（3）Irrelevant。

（4）Minor。

……

单词的应用举例要使用英文进行输出，常见搭配：

（1）This new discovery is significant for the field of medicine.（这项新发现对医学领域具有重要意义。）

（2）The company's success is largely due to its significant investment in research and development.（公司的成功在很大程度上归功于其在研发上的大量投资。）

案例三，如图 5-2 所示。

问：

以表格的形式给我提供 10 个英语高考的高频单词及其对应中文，并提供例句。

> 以表格的形式给我提供10个英语高考的高频单词及其对应中文,并提供例句

讯飞星火

使用工具:联网搜索

以下是10个英语高考的高频单词及其对应中文,并提供例句:

序号	英文单词	中文意思	例句
1	admit	承认	He finally admitted to having stolen the money.
2	expose	揭露	The reporter exposed the corruption in the government.
3	influence	影响	The teacher's words had a great influence on the students.
4	oppose	反对	The entire nation opposed the president's decision.
5	reflect	反思	She reflected on her mistakes and learned from them.
6	require	要求	The job requires a high level of responsibility.
7	support	支持	The company supported the new employee during his first week.
8	utilize	利用	The company utilized advanced technology to improve its operations.
9	challenge	挑战	The climb was a real challenge, but we managed to reach the top.
10	contribute	贡献	She contributed significantly to the success of the project.

这些单词在高考英语中经常出现,掌握它们对于提高英语成绩非常有帮助。

图 5-2 案例三

向讯飞星火提问后,讯飞星火根据问题,进行联网搜索,并且进行大模型分析组合,为用户快速提供 10 个英语高考高频词汇及其相关知识点,充分彰显出 AI 软件的快速性、便捷性,成为学生学习英语的重要辅助工具。

案例四

如果只是单纯记忆单词,随着时间推移,学生会觉得单词记忆过程过于枯燥乏味,可以通过和讯飞星火对话,请它帮忙利用联想记忆法,为单词的记忆过程"加点料"。

问:

以"abandon"为例,请利用联想法,帮我记忆单词。

答:

以下是以"abandon"为例,利用联想法来记忆这个单词:

(1)单词基本信息

英文:abandon。

中文:放弃;遗弃。

(2)联想法记忆

①形象联想

可以将"abandon"想象成一个孤岛(abandoned island)。在脑海中构建这样一幅画面:一个人乘船来到了一座孤岛上,然后决定放弃这座岛,离开这里。"abandon"就可以理解为"放弃这座岛",从而记住这个单词是"放弃"的意思。

或者想象一个孩子手里拿着一个气球(balloon),突然气球的气漏光了,飞不起来了,孩子只好"放弃"(abandon)了这个气球。把"abandon"和"气球漏气放弃气球"联系起来记忆。

②谐音联想

"abandon"读起来有点像"呃,崩当"。可以想象一个东西突然崩掉在地上,我们只能放弃它了。比如一个珍贵的陶瓷花瓶从手中滑落,摔得粉碎,我们只能无奈地"放弃"(abandon)修复它的想法。通过这个谐音联想到"放弃"的含义。

③场景联想

设想一个考试的场景,一个学生在考试中遇到了一道非常难的题目,完全不会做。他思考了很久,但还是没有任何头绪,时间也越来越紧。最后,他无奈地"放弃"(abandon)这道题,先做后面的题目。把"abandon"与这个考试中放弃难题的场景联系起来,就容易记住这个单词了。

> 通过以上联想法，你可以将"abandon"这个单词与一些具体的形象、谐音或场景联系起来，从而更加容易地记住它的含义。联想的方法可以根据个人的想象力和生活经验进行创造，希望你能找到最适合自己的联想方式来记忆英语单词。

5.1.2 单词测验

讯飞星火拥有大量的英语词汇库，涵盖了中学各个年级所需的单词。学生用户可以通过它进行全面的单词学习和测验，确保自己掌握了课本上要求的重点词汇。

5.1.2.1 英语单词选择题

讯飞星火可帮助学生出单词选择题，根据给出的单词选择正确的含义，或者根据含义选择对应的单词。这种模式可以帮助学生快速检验对单词基本意思的掌握情况。

英语单词选择题一，如图5-3所示。

> **问：**
>
> 请帮我出一道初中的英语单词选择题。

> 请帮我出一道初中的英语单词选择题

讯飞星火
以下是一道初中的英语单词选择题：
题目：
The movie was so _____ that I fell asleep in the middle of it.
A. boring   B. interesting   C. exciting   D. wonderful
答案：
A. boring
解析：
电影是如此无聊，以至于我看了一半就睡着了。"boring"表示"令人厌烦的"，"interesting"表示"有趣的"，"exciting"表示"令人兴奋的"，"wonderful"表示"精彩的"。根据句意，看电影睡着说明觉得电影很无聊，故选 A。

图 5-3 英语单词选择题

英语单词选择题二，如图 5-4 所示。

问：
请为我出一道关于"wonderful"和"great"的选择题。

> 请为我出一道关于"wonderful"和"great"的选择题

讯飞星火
以下是一道关于"wonderful"和"great"的初中英语单词选择题：
题目：
The party last night was _____. Everyone had a lot of fun.
A. wonderful   B. boring   C. terrible   D. great
答案：
A 和 D 都可选。
解析：
"wonderful"表示"精彩的；绝妙的"；"great"表示"很好的；重大的"。这两个词都可以用来形容派对很棒，所以 A 和 D 都对。

图 5-4 英语单词选择题

英语单词选择题三，如图 5-5 所示。

> 问：
>
> 请为我出一道关于单词比较级的选择题。

图 5-5 英语单词选择题

5.1.2.2 英语单词拼写题

讯飞星火大模型可为学生生成英语单词拼写题，强化学生对单词的记忆，帮助他们提高单词拼写能力。

英语单词拼写题一，如图 5-6 所示。

> 问：
>
> 我是一名高中生，请为我出两道英语单词拼写题（高频词汇）。

> 我是一名高中生，请为我出两道英语单词拼写题（高频词汇）。

讯飞星火

以下是两道适合高中生的英语单词拼写题（高频词汇）：

(1) h _ _ lth (健康)
(2) c_n_d_ti_n (庆祝)

答案：
(1) health
(2) celebration

图 5-6 英语单词拼写题

英语单词拼写题二，如图 5-7 所示。

问：

我即将备战高考，请为我出几道具有难度的英语单词拼写题。

> 我即将备战高考，请为我出几道具有难度的英语单词拼写题。

讯飞星火

以下是几道具有难度的高考英语单词拼写题：

(1) d_s_c_ (描述) _____
(2) s_ _ c_ (怀疑) _____
(3) c_n_v_c_ti_n (方便) _____
(4) c_m p_t_n (同情) _____
(5) s_ _ c_ (成功) _____
(6) t_ _ r_t_r (折磨) _____

图 5-7 英语单词拼写题

5.2 英文语境模拟大师

AI软件就像英语语境模拟大师一样,帮助学生练习不同情境下的英语交流过程。

在常规情况下,学生很难有机会融入英文语境,有机会在中学期间出国的学生也非常少,这就意味着他们的英语并没有经历过"实战",这就导致许多学生可能会做题,但是假如真的在英语语境中,表达能力则稍显不足。利用AI软件(讯飞星火"英语口语陪聊助手")可以完成这项任务。

在英语学习过程中,学生用户利用讯飞星火等口语陪聊助手通过模拟英语对话,帮助学生提高自信心。学生可以进行日常英语对话练习,练习问候、购物、旅游、学校生活等各种场景。通过反复练习,学生能够逐步提高表达能力。在非英语国家使用口语陪聊助手,学生可以在虚拟环境中进行"沉浸式"学习,模拟不同的场景和对话情境,帮助自己适应真实的英语交流环境。比如,模拟旅行中的问路、购物、点餐等对话;模拟学校生活中的课堂交流、与同学的讨论等;模拟工作面试、社交场合等复杂场景等等。

5.2.1 机场情境

机场,是人们出行最常到达的场所之一,利用讯飞星火"英语口语陪聊助手"能够模拟机场环境,AI软件在英语语境下和学生进行交流,为学生创造仿佛身在国外的感受,将英语真正"用出来",而不是停留在书本上,如图5-8所示。

> 假设：我在机场候机，请你扮演值勤人员，我将用英语和你对话

> 好的，我将扮演值勤人员与您进行对话。请问您需要了解什么信息？

> Excuse me, how do I get to gate B20? Could you please tell me the specific route and the estimated time it will take?

Sure, I can help you with that. To get to Gate B20, you need to follow these steps:

(1) **Take the escalator/elevator** near your current gate to the ground floor.
(2) **Walk straight** down the corridor until you reach the main terminal building.
(3) **Turn left** at the information desk and continue walking past the shops and restaurants.
(4) **At the end of the hallway**, you will see a set of stairs or an escalator on your right. Take either one up to the second floor.
(5) Once you are on the second floor, **turn right** and continue walking straight. You will see signs directing you to various gates.
(6) Keep following the signs for Gate B20 until you reach it. The gate should be on your left-hand side.

As for the estimated time, it usually takes about 10-15 minutes to walk from most gates in the terminal to Gate B20. However, please note that this is just an estimate and actual travel time may vary depending on your current location and any potential crowds or delays.

If you have any more questions or need further assistance, feel free to ask!

> Alright, thank you. If I miss this flight, is there any way to make it right?

If you miss your flight, there are a few options you can consider to try and resolve the situation:

(1) **Contact the airline immediately**: Reach out to the airline's customer service or the gate agents as soon as possible. They may be able to rebook you on the next available flight or provide alternative solutions.
(2) **Check for standby options**: If there are no immediate flights available, ask the airline if they have any standby options. You might be able to get on a later flight if there are no-shows or cancellations.
(3) **Look for alternative flights**: Use online travel agencies or the airline's website to search for other flights departing from the same airport. Sometimes, nearby airports may have more frequent flights to your destination.
(4) **Consider changing your itinerary**: If time is not an issue, you might want to explore the possibility of changing your travel dates or destinations. This could potentially open up more flight options for you.
(5) **Seek assistance from a travel agent**: If you booked your ticket through a travel agency, reach out to them for help. They often have access to additional resources and can assist in finding alternative flights or making necessary changes to your itinerary.

Remember to remain calm and polite when dealing with airline staff or customer service representatives. They are there to help you find a solution, but being respectful will make the process smoother for both parties involved.

图 5-8 机场情境

学生提问"Excuse me, how do I get to gate B20? Could you please tell me the specific route and the estimated time it will take?"之后，讯飞星火模拟出非常细致的路线，告诉学生"乘坐你当前登机口附近的扶梯/电梯下到一楼。沿着走廊一直走，直到你到达主航站楼。在信息台处左转，继续走过商店和餐厅……"路线稍显烦琐，可以起到一定的考察和锻炼作用。

5.2.2 夏令营活动

模拟夏令营活动，与AI软件进行英语交流，向AI软件询问夏令营的相关事宜。AI软件用英文给出答复，包括夏令营的活动安排、注意事项、具体细节等内容。AI软件的回答表达基本准确，符合英语交流的常规习惯，如图5-9所示。

假设：我目前在参加高中生夏令营，我将用英语和你对话。

That sounds like a fun experience! What activities are you participating in at the summer camp?

Could you please provide the details of the summer camp schedule? Are there any specific things I need to pay extra attention to?

Of course! Here are some details about the summer camp schedule:
Morning Session (9:00 AM - 12:00 PM):
   9:00 AM - 9:30 AM: Morning Meeting and Icebreaker Activities
   9:30 AM - 10:30 AM: Team-building Games and Exercises
   10:30 AM - 11:00 AM: Snack Break
   11:00 AM - 12:00 PM: Workshop on Leadership and Communication Skills
Afternoon Session (1:00 PM - 4:00 PM):
   1:00 PM - 2:00 PM: Outdoor Adventure Activities (e.g., Hiking, Orienteering, or Ropes Course)
   2:00 PM - 3:00 PM: Lunch Break

> 3:00 PM - 4:00 PM: Creative Arts and Crafts Workshop
> **Evening Session (7:00 PM - 9:00 PM):**
> 7:00 PM - 8:00 PM: Campfire and Storytelling Session
> 8:00 PM - 9:00 PM: Free Time for Socializing and Reflecting on the Day
> **Important Notes:**
> (1) Please make sure to bring appropriate clothing and gear for outdoor activities, including comfortable shoes, a hat, sunscreen, and insect repellent.
> (2) Stay hydrated throughout the day by drinking plenty of water. Water stations will be available during breaks.
> (3) Follow all safety guidelines and instructions given by the camp staff at all times.
> (4) Be respectful towards your fellow campers and participate actively in group activities.
> (5) If you have any allergies or medical conditions, please inform the camp staff ahead of time so they can accommodate your needs.
> (6) Don't forget to bring a notebook and pen for taking notes during workshops and capturing memorable moments from the camp.
> (7) Finally, have fun and make the most out of this summer camp experience!
> If you have any specific questions or need further clarification on anything, feel free to ask!

图 5-9 夏令营活动

5.2.3 商场环境

请讯飞星火"英语口语陪聊助手"扮演商城的工作人员，解答我的问题。先和 AI 软件沟通，假定一个商城中的情境，然后开始"进入正题"，向 AI 询问"Excuse me，where is the restroom"，AI 给出细致的步行方案，在阅读这些内容的时候，让学生的阅读能力得到提升，而在对话的过程中，又让学生实际运用英语的能力得到提升，如图 5-10 所示。

假设：我目前在商场，想要向你问路，我将用英语和你对话。

当然，我很乐意帮助你在商场里找到路。请告诉我你想去的商店或地点的名称，我会为你提供到达那里的最佳路线。

Excuse me, where is the restroom?

Of course! The restrooms in this mall are located on the second floor, near the food court area. To get there from your current location, please follow these steps:

(1) **Take the escalator or elevator** to the second floor. If you're already on the second floor, proceed to the next step.
(2) **Walk straight** down the main corridor until you reach the food court.
(3) **Turn right** after passing the food court, and you will see the restrooms on your left-hand side.

The restrooms should be well-marked, and you can't miss them. If you have any trouble finding them or need further assistance, feel free to ask any mall staff member nearby. They will be happy to help you.

Alright, thank you. I have one more question. Could you tell me where the children's playground is in the mall and how to get there?

Of course! The children's playground in this mall is located on the first floor, near the main entrance. Here are the steps to get there from your current location:

(1) **Take the escalator or elevator** to the first floor if you're not already there.
(2) **Walk towards the main entrance** of the mall.
(3) As you approach the main entrance, **turn left** and keep walking straight.
(4) You will see the children's playground on your right-hand side, just past the main entrance area.

The playground is designed for kids to have fun and is equipped with various play structures and equipment. It's a great place for children to enjoy themselves while parents can relax nearby. If you have any more questions or need further assistance, feel free to ask!

图 5-10 商场环境

5.3 英语阅读助手

AI 软件具有很强的数据分析和内容生成能力，学生通过熟练使用大模型，能够有效提升英语阅读理解的能力，就这一点来说，AI 软件就像学生的英语阅读助手一样。

5.3.1 英语文章精读

在英语精读练习的实践过程中，学生可以将阅读材料输入给 AI 软件，然后询问关于文章的主旨、主题或者作者的意图等问题。如果遇到不理解的段落或句子，可以请求讯飞星火重述或解释这些部分的意思，从而帮助更好地理解原文。

提问模板：【需求】+【文章内容（复制粘贴于此）】/【文章内容（复制粘贴于此）】+【需求】。在提问后，如果对于某个部分仍不明晰，可继续进行追问。

在利用 AI 软件分析英语文章的大意或主旨等信息时，要遵循这样几个原则，即简洁明了、具体明确、礼貌友好。要尽量让文章内容和问题简洁明了，避免冗长；明确提出需求和具体问题，这样 AI 可以更有针对性地回答。

示例如下：我有一段文章需要你帮我分析。

文章：【在这里粘贴文章或段落】

我需要你帮我总结这段文章的主要观点和中心思想。我还想了解作者在这篇文章中的态度或立场。如果可能的话，请分析一下文章的逻辑结构和使用的修辞手法。文章中提到的"【某个概念/术语】"是什么意思？我不太明白【某一部分】的意思，能给我详细解释一下吗？

案例一

问：

我有一段文章需要你帮我分析，这是一段高中英语阅读内容，请将其翻译，并归纳文章大意，帮助我理解。

文章标题：The Enchanted Library: A Hidden Gem in Our Town

文章内容：In the heart of our bustling town, there lies a secret that few people know about—a hidden library named "The Enchanted Library." This library, unlike any other, is not easily accessible to the public. It is tucked away behind a nondescript door in an old bookstore, which itself seems to blend into the backdrop of the town's many shops and cafes.

The Enchanted Library was founded over a century ago by a passionate book collector named Eliza Wharton. Eliza had a vision to create a sanctuary where people could escape the hustle and bustle of daily life, immersing themselves in the worlds created by authors from all corners of the globe. She painstakingly curated a collection of rare and ancient books, many of which are now irreplaceable treasures.

Over the decades, the library has remained relatively unchanged, preserving its original charm and atmosphere. Upon entering, visitors are greeted by the soft glow of amber lighting, casting a warm and inviting ambiance. The wooden shelves, polished by countless hands over time, are lined with books that whisper stories of adventure, romance, mystery, and science fiction.

One unique aspect of The Enchanted Library is its "Reading Room." This room, adorned with intricate carvings and murals depicting famous literary scenes, is where visitors can sit and read for hours. The air is filled with the delicate scent of aged paper and ink, creating an almost magical experience. It is said that within these walls, inspiration strikes even the most jaded of minds.

However, maintaining such a gem is not without its challenges. The library relies solely on donations and the occasional sale of rare manuscripts to keep its doors open. Despite this, the dedicated volunteers who run the library remain steadfast in their mission to preserve Eliza's vision and share it with the world.

Recently, there has been a renewed interest in The Enchanted Library, thanks to a social media campaign launched by a group of local students. They believe that the library's story and its treasures deserve to be told to a wider audience. Their efforts have led to an increase in visitors, and the library is now considering hosting literary events and workshops to further engage the community.

> **答:**

文章标题：被施魔法的图书馆：我们小镇上的一颗隐秘瑰宝

文章内容：在我们繁忙的小镇中心，隐藏着一个鲜为人知的秘密——一座名为"被施魔法的图书馆"的隐秘图书馆。这座图书馆与其他图书馆不同，并不轻易向公众开放。它藏身于一家旧书店内一扇不起眼的门后，这家书店本身也仿佛融入了镇上众多商店和咖啡馆的背景之中。

被施魔法的图书馆由一位名叫伊丽莎·沃顿的狂热书籍收藏家于一个多世纪前创立。伊丽莎有一个愿景，那就是打造一个圣地，让人们能够逃离日常生活的喧嚣，沉浸在全球各地作者所创造的世界中。她煞费苦心地收集了一批稀有且古老的书籍，其中许多如今已成为不可替代的珍宝。

几十年来，这座图书馆一直保持着相对不变，保留了其原始的魅力和氛围。一走进图书馆，访客就会被琥珀色灯光的柔和光芒所迎接，营造出一种温馨而诱人的氛围。被无数双手随时间打磨过的木制书架，排列着讲述冒险、浪漫、神秘和科幻故事的书籍。

被施魔法的图书馆的一个独特之处是它的"阅览室"。这个房间装饰着描绘著名文学场景的精致雕刻和壁画，访客可以在这里坐上数小时阅读。空气中弥漫着陈年老纸和墨水的微妙香气，营造出一种近乎神奇的体验。据说，在这些墙壁之内，即使是最疲惫的心灵也能获得灵感。

然而，维护这样一颗瑰宝并非没有挑战。图书馆完全依靠捐款和偶尔出售稀有手稿来维持运营。尽管如此，运营图书馆的志愿者仍坚定不移地致力保护伊丽莎的愿景，并将其与世界分享。

最近，由于一群当地学生发起的社交媒体宣传活动，被施魔法的图书馆重新引起了人们的关注。他们认为，图书馆的故事和珍宝值得向更广泛的受众讲述。他们的努力已经吸引了更多访客，图书馆现在正在考虑举办文学活动和研讨会，以进一步吸引社区居民。

文章大意归纳：本文介绍了一座位于繁忙小镇中心、名为"被施魔法的图书馆"的隐秘图书馆。这座图书馆由一位书籍收藏家一个多世纪前创立，

> 旨在提供一个逃离喧嚣、沉浸于书籍世界的圣地。图书馆内拥有许多稀有且古老的书籍,并保持着原始的魅力和氛围。其阅览室更是为访客提供了一个神奇的阅读体验。然而,图书馆的运营面临挑战,完全依靠捐款和出售稀有手稿来维持。最近,由于当地学生的社交媒体宣传活动,图书馆重新引起了人们的关注,并考虑举办活动进一步吸引社区居民。

根据这段英语文章,并且结合用户所下达的指令,即"翻译成中文并归纳主旨",AI 软件给出比较合理的答复。尤其是文章大意归纳部分,仅用约 200 字,就总结出文章的大致含义,省去人工通读和总结的大量时间,有效提高阅读效率,帮助学生理解那些难懂的字词,具有明显的高效性。

案例二

问:

> 我有一段文章需要你帮我分析,这是一段初中阶段的英语阅读内容,请帮我分析这段文章的主旨大意。
>
> Title: The Mystery of the Missing Homework
>
> One sunny afternoon in Mrs.Thompson's seventh-grade English class, an unusual event occurred. The class was preparing for a quiz on Shakespeare's "Romeo and Juliet," but when Emily, the diligent student known for her neat handwriting, opened her backpack, her heart sank. Her homework assignment, carefully completed and adorned with colorful drawings to illustrate key scenes, was missing.
>
> Panic began to spread like wildfire through the classroom. Emily had spent hours on the assignment, staying up late into

the night to ensure every detail was perfect. She searched her backpack, desk, and even asked her friends if they had seen it, but no one had.

Mrs.Thompson, sensing the disturbance, paused the class. "Let's take a few minutes to help Emily find her homework," she suggested calmly. The room buzzed with whispers and curious glances as students began to search their own belongings and the classroom corners.

Suddenly, Tom, the class clown, raised his hand with a mischievous grin. "I think I might know where it is," he said, eyes twinkling. With a flourish, he pulled a crumpled piece of paper from behind his textbook – Emily's homework, covered in doodles and stickers. The class erupted in laughter, and Emily sighed in relief, shaking her head at Tom's antics.

Mrs.Thompson smiled wisely, reminding everyone, "Remember, a little humor can lighten the mood, but let's always respect each other's work." Emily retrieved her homework, vowing to keep it closer next time, while Tom promised to find more constructive ways to entertain the class. And so, with a chuckle and a nod, the mystery of the missing homework was solved, and the quiz on "Romeo and Juliet" proceeded without further incident.

答:

主旨大意分析：这篇文章《The Mystery of the Missing Homework》主要讲述了一个发生在七年级英语课堂上的小故事。故事的主角是勤奋的学生 Emily 和调皮的同学 Tom，以及他们的老师 Mrs. Thompson。在一个阳光明媚的下午，当全班同学正在为莎士比亚的《罗密欧与朱丽叶》的测验做准备时，Emily 发现她精心完成的作业不见了。她非常着急，并在教室里

> 四处寻找，但都没有找到。这时，老师Mrs. Thompson暂停了课程，组织全班同学一起帮助Emily寻找作业。最终，Tom，这个班级的小丑，以一种恶作剧的方式拿出了Emily的作业，原来他把作业藏在了自己的课本后面，并且还在上面画了一些涂鸦和贴了一些贴纸。尽管Tom的行为让Emily有些生气，但整个事件最终以一种轻松幽默的方式解决了，Mrs. Thompson也借此机会教育大家要尊重他人的工作。最后，Emily找回了她的作业，Tom也承诺会用更积极的方式娱乐大家，测验也顺利进行了下去。总的来说，这篇文章的主旨是展现了一个发生在课堂上的小插曲，通过这个小故事，传达了同学之间要互相帮助、尊重他人劳动成果，以及用幽默和宽容来化解矛盾的主题。

AI软件对文章"The Mystery of the Missing Homework"的主旨大意分析比较准确，其回答概述了故事的主要情节，包括Emily的作业丢失、全班同学和老师一起寻找、Tom以恶作剧的方式拿出作业，以及最后老师的教育和同学们的反应，并且提炼出文章想要传达的主题——同学之间要互相帮助、尊重他人劳动成果，以及用幽默和宽容来化解矛盾，展现出AI的文本理解和分析能力。

案例三

问：

> 我有一段文章需要你帮我分析，这是一段英语阅读内容，请帮我分析这段文章的主旨大意。
>
> Title: The Enchanted Garden

In a hidden corner of the world, there lies an enchanted garden that blooms only under the moonlight. Legend has it that the garden was blessed by ancient fairies, who whispered secrets to the flowers, making them glow with an ethereal light. Each night, as the silver beam touches the petals, a symphony of humming and rustling fills the air, as if the plants themselves are dancing to an unseen melody. Visitors who stumble upon this magical place often leave with hearts lighter and minds filled with wonder, believing in the magic that still resides in our world.

答:

主旨大意分析：这篇文章《The Enchanted Garden》主要描述了一个隐藏在世界某个角落的神奇花园。这个花园在月光下绽放，传说中它被古代仙女祝福过，仙女们向花朵低语秘密，使它们散发出一种超凡脱俗的光芒。每当夜晚，银色的月光洒在花瓣上时，空气中就会弥漫着一阵阵嗡嗡作响和沙沙声，仿佛植物本身在随着一种看不见的旋律跳舞。偶然发现这个神奇地方的访客们，往往会带着更加轻松的心情和充满好奇的心灵离开，他们相信在这个世界上仍然存在着魔法。总的来说，这篇文章的主旨是描绘一个充满神秘和魔力的花园，以及它给访客带来的心灵上的愉悦和对魔法的信仰。

5.3.2 英语阅读理解练习

AI 软件能够帮助学生进行英语阅读理解练习，对于那些现成的英语阅读题目，通过合适的提问方式，学生可以获得 AI 软件给出的解析答案，帮助自己全面深度理解文章内容。而对于单纯的英语文章来说，学生可将文章内容发送至 AI 软件对话聊天内容中，并且请 AI 软件结合这段文章为自己生成一些英语阅读理解练习题目，通过这些习题，帮助自己提升英语阅读理解的水平。具体来说，对于市面上或学习资料中现成的英语阅读题目，学生可以通过 AI 软件获得深度解析的答案。AI 软件不仅提供标准答案，更重要的是，它能够通过合适的提问方式，引导学生逐步深入文章的核心内容。这些提问可能涵盖文章的主旨大意、细节理解、推理判断等多个层面，帮助学生全面且深度地理解文章。通过 AI 软件的解析，学生可以清晰地看到每个问题的解题思路和步骤，从而加深对文章的理解，并提升自己的解题技巧。AI 软件能够根据文章的难度、题材、语言特点等因素，智能地设计出符合学生水平的练习题。这些练习题可能包括选择题、填空题、判断题等多种形式，旨在考查学生对文章的理解程度、词汇掌握情况、语法运用能力以及逻辑推理能力等。

在下达指令让 AI 根据文章生成英语阅读理解练习题时，遵循一些原则可以帮助学生更有效地与 AI 沟通，并确保生成的题目质量和适用性。明确性：确保指令清晰、具体，避免模糊或含糊不清的表达。相关性：确保题目与文章内容紧密相关，能够真实反映文章的核心信息和细节。多样性：题目类型应多样化，包括选择题、填空题、判断题等，以全面考查学生的能力。

第5章 AI超级英语导师

常规提问模板：请基于以下提供的文章内容，为我设计一系列英语阅读理解练习题目。题目应涵盖文章的主旨大意、细节理解、推理判断等多个方面，旨在全面考察我对文章的理解。文章内容（请在此处粘贴或输入文章的具体内容）：【此处粘贴或输入你的文章内容】。题目要求：……

案例一

> **问：**
>
> 请基于以下提供的文章内容，为我设计一系列英语阅读理解练习题目。题目应涵盖文章的主旨大意、细节理解、推理判断等多个方面，旨在全面考察我对文章的理解。
>
> 文章内容：The Magic of Reading
>
> Reading is like a magical key that opens the door to a world of adventure, knowledge, and imagination. When you read, you can travel to faraway places, meet interesting characters, and learn about different cultures without ever leaving your home.
>
> One of the greatest things about reading is that it helps you improve your vocabulary. As you read more books, you will encounter new words and phrases that you may not have heard before. By learning these new words, you can express yourself better and communicate more effectively with others.
>
> In addition to improving your vocabulary, reading also helps you develop critical thinking skills. When you read, you are constantly analyzing the text, trying to understand the plot, the characters, and the themes. This process helps you become a better thinker and problem-solver.
>
> Furthermore, reading can be a great way to relax and unwind after a long day. Whether you prefer fiction or non-fiction,

there is always something enjoyable to read. You can lose yourself in a good book and forget about your worries for a while.

So, if you haven't already, pick up a book today and start exploring the magic of reading. You never know what amazing adventures and discoveries await you!

答：

基于提供的文章内容"The Magic of Reading"，以下是一系列英语阅读理解练习题目，旨在全面考察你对文章的理解：

主旨大意题：

What is the main idea of the article "The Magic of Reading"?

A. Reading helps improve critical thinking skills.

B. Reading is a magical way to learn and relax.

C. Reading is only useful for improving vocabulary.

D. Reading allows you to travel to faraway places physically.

细节理解题：

According to the article, what can you do when you read?

A. Only learn about different cultures.

B. Meet interesting characters and travel to faraway places.

C. Improve your critical thinking skills without analyzing text.

D. Only relax and forget about your worries?

Why does reading help improve vocabulary?

A. Because it allows you to travel to new places.

B. Because you encounter new words and phrases in books.

C. Because it helps you develop critical thinking skills.

D. Because it is a great way to unwind after a long day.

What does the process of reading help you become?

A. A better traveler.

B. A better communicator.

C. A better thinker and problem-solver.

D. A better writer.

推理判断题：

The article suggests that reading can be used for all of the following purposes EXCEPT:

A. Learning about different cultures.

B. Improving critical thinking skills.

C. Physically traveling to faraway places.

D. Relaxing and forgetting worries.

Based on the article, which of the following statements is TRUE?

A. Reading only helps improve vocabulary.

B. Reading is not useful for developing critical thinking skills.

C. There is nothing enjoyable to read in non-fiction books.

D. Reading can be a magical way to learn and relax.

填空题：

Reading is like a magical key that opens the door to a world of _____, knowledge, and imagination.

Reading helps you improve your _____ by encountering new words and phrases.

判断题：

True or False: Reading only helps you improve your vocabulary and does not have any other benefits.

True or False: The article encourages readers to pick up a book and start exploring the magic of reading.

参考答案：……（此处省略）

详细化提问模板：请针对以下文章内容，设计一套详细的英语阅读理解练习题目。具体要求如下：【题目类型与数量】【考察点】【难度】【其他要求】。文章内容（请在此处粘贴或输入文章的具体内容）：【此处粘贴或输入你的文章内容】。

案例二

问：

请针对以下文章内容，设计一套详细的英语阅读理解练习题目。具体要求如下：【题目类型与数量】【考察点】【难度】【其他要求】。文章内容（请在此处粘贴或输入文章的具体内容）：【此处粘贴或输入你的文章内容】。

The Importance of Time Management

In today's fast-paced world, time management is crucial for students like us. It helps us balance academics, extracurricular activities, and personal life. Effective time management ensures that we allocate enough time for studying, completing assignments, and revising for exams.

Moreover, it reduces stress and anxiety by preventing last-minute cramming. By prioritizing tasks and setting realistic goals, we can achieve more in less time. Time management also teaches us discipline and self-control, qualities that are essential for success in life.

In conclusion, mastering the art of time management is vital for our academic and personal growth. It not only enhances our productivity but also improves our overall well-being.

选择题:

What is the main idea of the passage?

A. The benefits of extracurricular activities.

B. The importance of time management for students.

C. How to balance academics and personal life.

D. The relationship between stress and productivity.

According to the passage, effective time management helps students do all of the following EXCEPT:

A. Allocate enough time for studying.

B. Reduce stress and anxiety.

C. Achieve more in less time by procrastinating.

D. Balance academics, extracurricular activities, and personal life.

Which of the following is a benefit of time management mentioned in the passage?

A. It increases the amount of sleep students get.

B. It teaches students how to prioritize tasks.

C. It eliminates the need for extracurricular activities.

D. It allows students to skip revising for exams.

What quality does time management teach us that is essential for success in life?

A. Creativity

B. Discipline and self-control

C. Humor

D. Social skills

填空题：

Effective time management ensures that we allocate enough time for _____, completing assignments, and _____.

(Answer: studying, revising for exams)

By _____, we can achieve more in less time.

(Answer: prioritizing tasks and setting realistic goals)

简答题：

In your own words, explain why mastering the art of time management is vital for academic and personal growth.

参考答案：……（此处省略）

5.4 AI 英语写作

学生可以通过使用 AI 软件来显著提升自己的英文写作水平，AI 能够帮助他们优化文章的写作结构，使得文章条理更加清晰、逻辑更为严密，还能在语法正确性上提供有力的支持，减少语法错误，使句子表达更加准确流畅。同时，AI 还能引导学生增加词汇的多样性，避免重复使用相同的词汇，从而丰富文章的表达，提升整体的语言表现力。总之，借助 AI 软件，学生能够在英文写作上实现全方位的提升。

5.4.1 思路生成

在英文写作时，学生可以使用 AI 生成写作点子。当自己没有写作方向或思路的时候，不妨向 AI 软件提问，或许会有意想不到的收获。

学生在构建英文写作思路时，如果准备向 AI 寻求帮助，要先明确自己遇到的具体困难是什么，是缺乏关于主题的基本信息，还是不知道如何组织文章结构，抑或是词汇和表达上的困扰？明确问题后，可以在提问时直接指出。

下面以某道写作题目为例，运用常规的提问模板（"结合该题目和题目要求，请为我提供英语作文的撰写思路，要求思路贴合题目要求，逻辑连贯"），看看 AI 将做出怎样的回答。

让我们看看有哪些比较常见且高效的提问方式或模板。

题目：英语作文题目（探讨全球化对文化身份的影响）

题目说明：在全球化日益加深的今天，我们的社会、经济和文化都发生了深刻的变化。全球化既为文化交流和理解提供了机会，也对保持和传承独特的文化身份带来了挑战。请撰写一篇探讨全球化对文化身份影响的英语作文。作文字数应在 300 至 400 字之间。

问：

结合该题目和题目要求，请为我提供英语作文的撰写思路，要求思路贴合题目要求，逻辑连贯。

题目：英语作文题目（探讨全球化对文化身份的影响）

题目说明：在全球化日益加深的今天，我们的社会、经济和文化都发生了深刻的变化。全球化既为文化交流和理解提供了机会，也对保持和传承独特的文化身份带来了挑战。请撰写一篇探讨全球化对文化身份影响的英语作文。作文字数应在 300 至 400 字之间。

答：

英语作文撰写思路：（1）引言（Introduction）：开篇可以简要介绍全球化的背景，强调其对社会、经济和文化的深远影响。引出文化身份的概念，并指出全球化对文化身份带来的双重影响：既有机会也有挑战。提出文章的目的：探讨全球化如何影响文化身份，并尝试分析其中的利弊。

（2）全球化促进文化交流与理解（Globalization Facilitates Cultural Exchange and Understanding）：阐述全球化如何打破地理界限，使不同文化之间的交流变得更加便捷和频繁。举例说明全球化带来的文化交流现象，如国际文化节、跨文化交流活动、国际学生交流项目等。分析这些交

> 流如何增进人们对不同文化的理解和尊重,以及文化多样性的重要性……
>
> (3)写作注意事项:确保文章结构清晰,逻辑连贯。使用具体例子和证据来支持你的观点。注意语法、标点和词汇的准确性。控制字数在 300 至 400 字之间。希望这个撰写思路能帮助你构思出一篇逻辑连贯、观点鲜明的英语作文。

在用户的精准提问下,AI 根据英语作文题目的要求,为用户提供了一些思路,思路内容丰富(篇幅所限不再全部展示),涉及引言、注意事项等要素,让用户能够更快速地在脑海中形成英语作文的整体架构。

除此之外,学生向 AI 软件询问英语写作思路时,还有许多更具体的询问方法(仍围绕上述英语作文题目案例),如表 5-1 所示。

表 5-1 请 AI 生成写作思路的提问模板

询问方法	示例
明确写作目的和主题	我正在写一篇关于全球化对文化身份影响的英语作文。我的目的是探讨全球化如何影响不同文化的身份认同,并给出一些个人见解。你能帮我提供一些写作思路吗
利用关键词提问	我需要在英语作文中讨论全球化、文化身份以及它们之间的相互影响。你能围绕这些关键词给我一些写作上的建议吗
请求结构化提问建议	我正在构思一篇关于全球化对文化身份影响的英语作文,但感觉思路有些混乱。你能帮我把这个问题分解成几个小部分,并给出每个部分的写作思路吗

续表

询问方法	示例
启发性灵感	我想写一篇有深度的英语作文来探讨全球化对文化身份的影响。你能告诉我一些可以深入探讨的点或者提供一些启发性的问题吗
提供具体受众	我需要为一篇面向中学生的英语作文提供写作思路,主题是全球化对文化身份的影响。我希望文章能够引起他们的共鸣,并激发他们对此话题的深入思考。你能给我一些建议吗
请求提供写作框架	我正在写一篇关于全球化对文化身份影响的英语作文,但不知道该如何组织内容。你能帮我提供一个基本的写作框架吗?包括引言应该怎么写,正文应该包含哪些部分,以及结论应该如何总结等

5.4.2 写作结构

学生可以利用 AI 软件提供英语作文的写作结构。在具体的英文写作过程中,文章结构的规划和布置非常重要,结构是整体的框架,如果把文章比作人体,结构就是骨骼。AI 具备的大数据分析和归纳总结能力比较高效,能在很短时间内得出结果,包括如何引入话题,展开论点,以及如何合理结束,等等。

关于写作结构的常用提问模板如下所示:

题目示例:"Time Travel Dreams: A Journey Back to the Past and Its Implications" In this essay, students are tasked with imagining a scenario where they have the opportunity to travel back in time.

They should elaborate on the specific era or event they would choose to visit, the reasons behind their selection, and what they hope to achieve or learn from this historical journey. Furthermore, students should explore the potential implications of their time travel, including the ethical considerations and possible consequences of altering the past. The essay should be a blend of creative storytelling and thoughtful analysis, reflecting both the allure of time travel and the complexities it introduces.

提问模板:"请为我构思一个详细的写作大纲,以指导我完成英语作文'Time Travel Dreams: A Journey Back to the Past and Its Implications'。大纲应包含引言、正文(包括我选择的时代、选择的原因、期望的学习成果、潜在影响的深度分析)和结论。"

"我需要一个写作框架,用于组织我的英语作文'Time Travel Dreams: A Journey Back to the Past and Its Implications'。请确保框架能够指导我如何在叙述中融入个人情感,同时保持内容的逻辑连贯性。"

"请为我设计一个写作计划,帮助我完成英语作文'Time Travel Dreams: A Journey Back to the Past and Its Implications'。计划应包含写作前的准备(如选择时代、收集资料)、写作中的步骤(如构建框架、填充内容、修改润色)以及写作后的反思。特别地,请提供关于如何平衡创意叙述和深入分析的具体建议,以确保我的作文既有趣又富有洞察力。"

提问模板旨在帮助学生以不同的方式获取写作结构建议,以满足个性化需求。

5.4.3 撰写初稿

AI 软件具有一定的文字生成能力，能够有效解决英语作文写作的问题。当学生面对烦琐的写作过程而一筹莫展的时候，不妨向 AI 软件提问，请 AI 软件快速生成一段初稿。在具体的应用过程中，要遵循既定的提问公式或模板，方能达到最佳的提问效果，获得最符合预期的答案。

提问时要提供背景信息，明确任务目标，明确输出要求。

背景信息：作文主题、写作目的、个人水平。

任务目标：写作要求、内容要点。

输出要求：格式要求、字数要求、语言风格、其他要求。

示例

问：

我正在准备一篇英语作文，希望你帮我生成一个初稿。

作文主题：探索未来教育的可能性。

写作目的：这篇作文是为了参加一个国际性的英语作文比赛，旨在展示我对未来教育发展的见解和期望。

个人水平：我目前处于英语高二水平，希望作文能够体现出较高的语言运用能力和深度思考。

写作要求：请结合主题，撰写一篇具有创新性、逻辑性和说服力的英语作文。

内容要点：作文中应包含对未来教育技术的展望、对传统教育模式的反思，以及我个人对未来教育发展的建议和愿景。

格式要求：作文应采用议论文的结构，包括引言、正文（至少包含三个段落,分别对应上述内容要点)和结论。

字数要求:作文字数应控制在800至1000字之间。

语言风格:请使用正式、流畅的风格,适当运用高级词汇和复杂句型,以展现我的语言水平。

其他要求:请确保作文内容原创,无抄袭,且逻辑清晰,条理分明。

答:

根据您的要求,以下是一个关于"探索未来教育的可能性"的英语作文初稿示例,旨在满足您参加国际性英语作文比赛的需求:

Exploring the Possibilities of Future Education

Introduction

As technology advances and society evolves, the landscape of education is undergoing profound transformations. The traditional classroom setting, where a teacher stands at the front and students sit in rows, is being challenged by innovative methods and technologies that promise to revolutionize learning. In this essay, I aim to explore the possibilities of future education, focusing on the potential advancements in educational technology, reflections on traditional educational models, and my personal vision for the future of education.

Body Paragraph 1: The Future of Educational Technology

The integration of technology into education has already begun to reshape the learning experience. From interactive whiteboards and smart classrooms to online courses and virtual reality (VR) simulations, the educational technology landscape is rapidly expanding. In the future, we can expect even more sophisticated tools and platforms that cater to individual learning styles and pace. For instance, artificial intelligence (AI) could be used to create personalized learning paths, adapting to each student's strengths and weaknesses. Additionally, VR and augmented reality (AR) could provide immersive learning experiences that are not possible in traditional classrooms. These technologies not only make learning more engaging but also enhance comprehension and retention.

Body Paragraph 2: Reflections on Traditional Educational Models

While technological advancements hold immense promise, it is crucial to reflect on the strengths and weaknesses of traditional educational models. The traditional classroom setting offers face-to-face interaction and immediate feedback, which can be invaluable for students who need personalized attention. However, it also tends to be rigid and one-size-fits-all, failing to accommodate the diverse learning needs of students. Furthermore, the emphasis on rote memorization and standardized testing often stifles creativity and critical thinking. As we move forward, it is important to strike a balance between leveraging technology and preserving the best practices of traditional education.

Body Paragraph 3: My Personal Vision for the Future of Education

In my vision for the future of education, technology serves as a catalyst for personalized and equitable learning. I envision a world where students have access to a wide range of educational resources, regardless of their geographical location or socioeconomic status. By utilizing AI and big data, educators can tailor learning experiences to meet the unique needs of each student, fostering a culture of continuous growth and self-improvement. Additionally, I believe that future education will emphasize creativity, collaboration, and problem-solving skills, preparing students for the complex and rapidly changing world they will inherit. By blending the best of traditional and modern educational practices, we can create a system that nurtures the talents and passions of all learners.

Conclusion

In conclusion, the future of education is filled with possibilities, driven by technological advancements and a commitment to continuous improvement. By reflecting on the strengths and weaknesses of traditional educational models and embracing innovative solutions, we can create a more personalized, equitable, and engaging learning experience for all students. As we navigate the complexities of the 21st century, it is essential that we remain adaptable and forward-thinking, embracing the potential of future education to transform lives and build a brighter future for all.

5.4.4 全文检查

见上文，我们已经可以熟练运用 AI 软件帮忙撰写英语文章，在用户遵循既定公式模板的提问下，AI 软件给出的答案基本符合要求。但是初稿完成并不意味着"大功告成"，为了确保文章不出差错，还要借助 AI 的力量进行全文检查[1]。

对英语文章进行全文检查可以采取两种方法，一种是直接将文章内容复制粘贴到 AI 对话框中，请其帮忙进行分析，但是 AI 软件可能会有最大字数限制，因此建议采取另外一种方法，即"文件上传"方式（以文心一言为例，见图 5-11）。

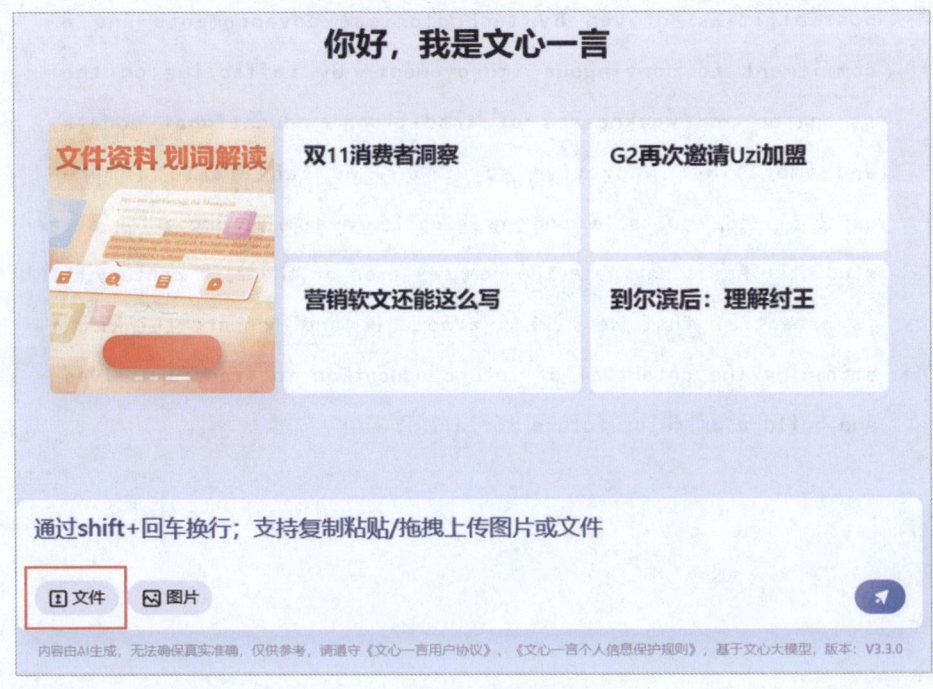

图 5-11 文件上传

---
[1] 全文检查以上文的初稿内容为例。

点击文心一言主页面的"文件"选项。

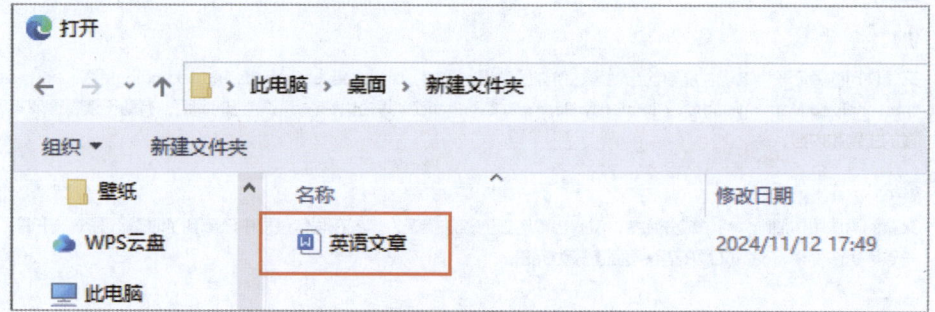

图 5-12 文件上传

点击"点击上传或拖入文档"区域，通过浏览的方式找到"英语文章"，然后点开"打开"选项，完成上传，如图 5-12 所示。

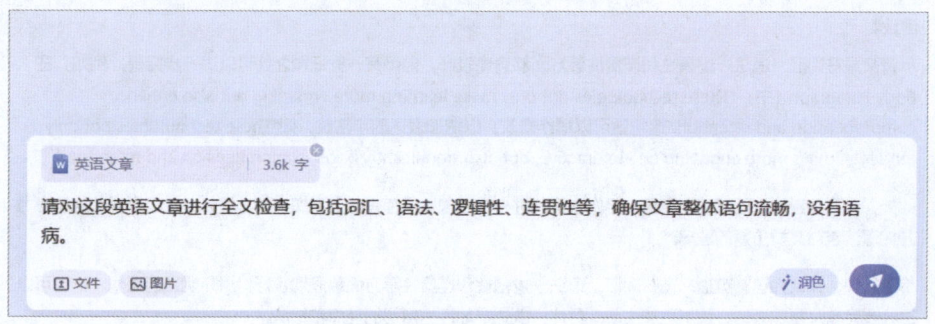

图 5-13 全文检查

文件上传完毕之后，在对话框输入指令"请对这段英语文章进行全文检查，包括词汇、语法、逻辑性、连贯性等，确保文章整体语句流畅，没有语病。"如图 5-13 所示。

> 经过对提供的英语文章《Exploring the Possibilities of Future Education》的全文检查，包括词汇、语法、逻辑性和连贯性等方面，我认为该文章整体质量较高，语句流畅，没有显著的语病。以下是我对文章的一些具体评价和建议：
>
> 词汇：
> 文章使用的词汇较为准确，能够恰当地表达作者的意思。例如，"innovative methods and technologies"、"personalized learning paths"、"immersive learning experiences"等短语都选用了恰当的词汇，有助于读者理解文章的主题和内容。
>
> 语法：
> 文章的语法结构清晰，句子成分完整，没有出现明显的语法错误。作者在写作过程中注意到了时态、语态、主谓一致等语法要素，使得文章在语法层面上较为完善。
>
> 逻辑性：
> 文章的逻辑性较强，各个段落之间衔接紧密，有助于读者理解作者的思路。作者在引言部分提出了文章的主题，即探讨未来教育的可能性；在正文部分，作者分别从教育技术、传统教育模式和个人愿景三个方面进行了阐述；在结论部分，作者总结了文章的主要观点，并强调了未来教育的重要性和潜力。这种结构使得文章在逻辑上较为连贯。
>
> 连贯性：
> 文章的连贯性也较好，各个句子之间联系紧密，没有出现断句或跳跃的现象。作者在写作过程中注意到了句子之间的逻辑关系，如因果、转折、并列等，使得文章在连贯性上表现出色。
>
> 建议：
> 尽管文章在词汇、语法、逻辑性和连贯性等方面都表现较好，但仍有一些细微之处可以进一步完善。例如，在Body Paragraph 1中，"These technologies not only make learning more engaging but also enhance comprehension and retention."这句话可以稍作修改，以增加表达的丰富性，如"These technologies not only render learning more engaging and interactive, but also significantly boost comprehension and retention."
>
> 此外，文章在整体上已经较为完善，但作者可以进一步思考如何在表达上更加生动、具体，以吸引读者的注意力并加深读者对文章主题的理解。
>
> 综上所述，我认为这篇英语文章在词汇、语法、逻辑性和连贯性等方面都表现较好，没有明显的语病。作者可以进一步完善文章的表达，使其更加生动、具体，以更好地传达自己的观点和想法。

图 5-14 检查结果

可见，AI 软件对英语文稿全文进行快速检查，包括词汇、语法等多方面内容，并给出优化建议，学生可根据这些建议进行优化调整，使文章更加完善，如图 5-14 所示。

AI 超级艺术导师

AI 软件就像一位超级艺术导师,学生借助 AI 的力量,能够获得艺术方面的极大帮助,无论是绘画创作、短剧创作还是艺术作品赏析,亦或其他与艺术相关的学习活动,都可以交由 AI 来负责。AI 软件通过强大的信息分析、处理功能,以及大数据整合的能力,为学生打造使想象力驰骋的梦幻世界,帮助他们不断提升艺术水平。

第 **6** 章

6.1 AI 绘画创作

（以"可灵大模型"为例）

学生能够利用 AI 进行绘画创作，无论自身有没有绘画基础，学生都可通过操控 AI 软件，将自己的设想以图像的形式呈现出来，给想象插上翅膀，化身小小画家。

可灵（KLING），是快手 AI 团队自研的视频生成大模型。可灵大模型主要具有文生视频、图生视频，以及视频续写功能。

文生视频：输入合理的提示词，如"一个男人骑着马在戈壁沙漠飞奔，背后美丽的夕阳，电影级别画面""小男孩在花园里骑自行车经历秋冬春夏四季变换"等，大模型可进行推理优化，生成符合基本运动规律的视频内容。

图生视频：上传图片，大模型将解析图片，并根据图片的要素将静态图片转化为 5 秒动态视频，配上差异性的文本输入，可以生成多种多样的运动效果。

视频续写：可灵大模型可以对已经生成完毕的视频模板进行续写和扩展，让视频的运动延时 4.5 秒，为创作者提供更加充分的支持。

6.1.1 常规绘画创作

如图 6-1 所示。

图 6-1 可灵大模型主页面

图 6-2 可灵大模型 AI 图片创作页面

可灵大模型 AI 图片创作页面，可以完成图片生成的任务。学生在该页面输入"创意描述"，调整"参数设置"，可创作自己预期的图片作品，如图 6-2 所示。

图 6-3 创意描述

在创意描述对话框中,输入特定的提示词,会呈现出不同的图片效果,这就涉及图片提示词的相关问题。如图 6-3 所示。

提示词是一种用来调节文生图大模型的方法。通过输入您想要的内容和效果,模型能够理解您的意图,从而生成符合预期的图片。为了让模型清楚理解并生成高质量的图像,一个好的提示词需要内容丰富且描述清晰。这个过程类似于老师向我们布置作业:如果老师说让我们画一张画,却不说明画中应包含哪些元素以及画的用途,我们会无从下手。同样地,模型在生成图像时也需要准确清晰的指示。提示词描述得越具体,生成的画面就越准确稳定。如果学生想要获得一张景色图片,只在创意描述对话框输入"我想要一张小男孩的图片",肯定是不行的,一定要细致描述,这样生成的图片才能足够准确、稳定。为了生成准确、稳定的图片,学生可以遵循"5W1H"公式(表 6-1)。

表 6-1 "5W1H" 公式及示例

序号	Who（谁）	What（什么）	When（何时）	Where（何地）	Why（为什么）	How（如何）
1	一个年轻的情侣	在海边散步	夕阳西下时	金色的沙滩上	为了享受浪漫的时光	手牵手，漫步在海边，欣赏着夕阳的美景
2	一群小学生	进行足球比赛	周末的下午	学校的操场上	为了锻炼身体和团队协作	穿着统一的球衣，分成两队，激烈地争夺足球
3	一位艺术家	在画布上作画	清晨的第一缕阳光出现时	安静的画室中	为了表达内心的情感和创意	使用各种画笔和颜料，专注地在画布上挥洒
4	一家四口	在公园里野餐	阳光明媚的周末	绿草如茵的公园里	为了增进家庭感情和享受大自然	铺着野餐垫，摆放着各种美食，欢声笑语中度过美好时光
5	一位探险家	攀登高山	晴朗的早晨	陡峭的山峰上	为了挑战自我和探索未知	背着沉重的背包，踏着崎岖的山路，一步步向山顶前进

当然，提示词的创作也可以由 AI 来帮忙。比如学生想要一副景色优美的山水画，却又不知道怎么去撰写提示词，可以向 AI 询问，请其帮忙生成丰富的提示词，再将这些提示词复制粘贴到创意描述对话框中，完成图片创作的流程。

案例一，如图 6-4、6-5 所示。

AI 教育：
令人惊叹的人工智能超级导师

> 创意描述：大友克洋风格，女科学家，夸张透视，丁达尔效果，最佳品质，超细节。

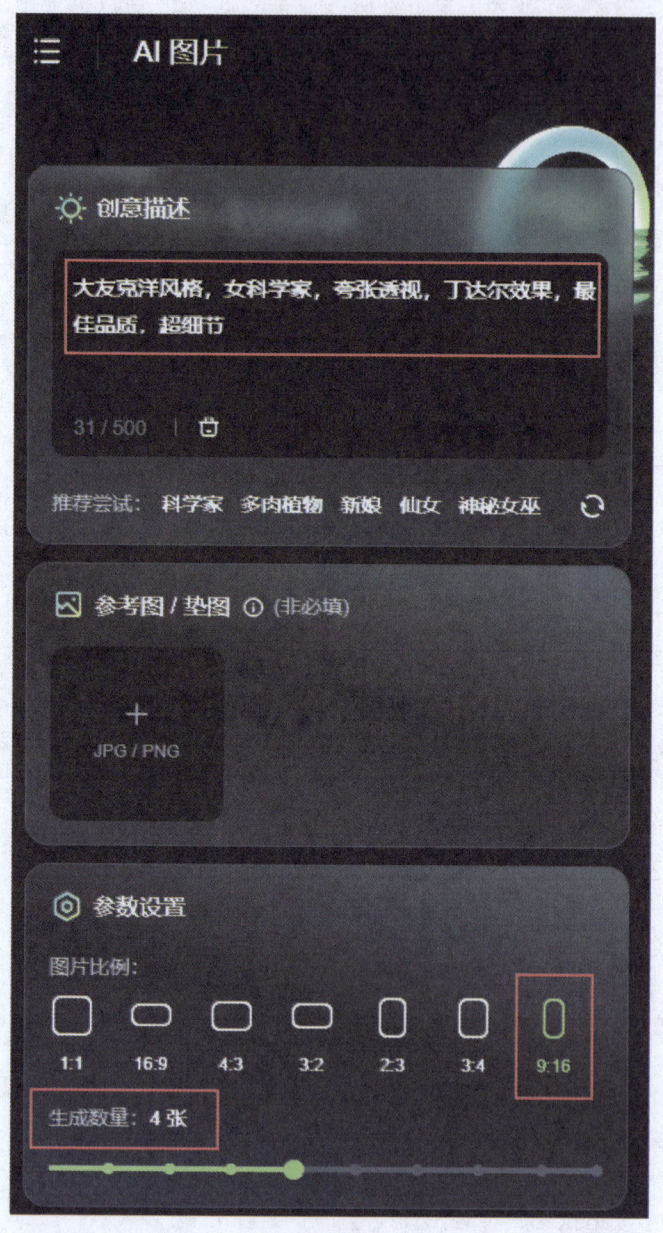

图 6-4 案例一

第 **6** 章 AI 超级艺术导师

图 6-5 案例一

案例二,如图 6-6、6-7 所示。

> 创意描述:多肉植物,带着水珠,潮玩盲盒风格,3D 质感,温馨的环境,丰富的场景,最佳画质,超精细,Octane 渲染。

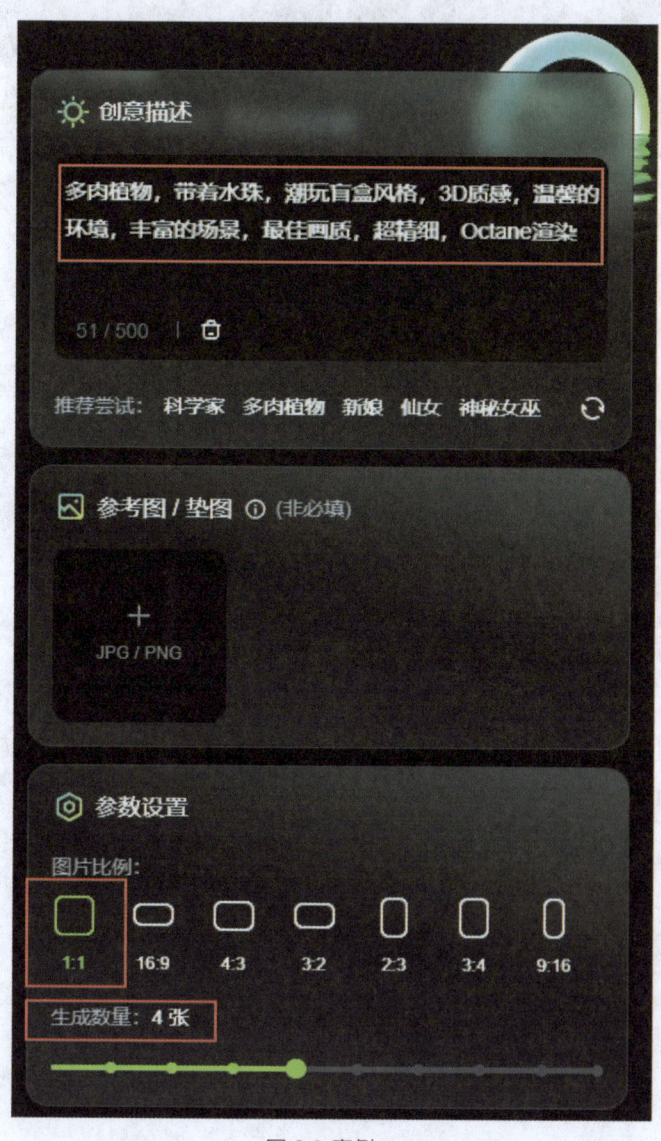

图 6-6 案例二

图 6-7 案例二

6.1.2 参考图生图创作

可灵大模型具有图生图模式,学生在利用 AI 软件进行图像创作时,除了可以单纯依靠文字描述生图之外,还可通过上传【参考图】+【描述】的形式生成图片,通过这种方式生成的图片更加贴近参考图,更能够还原参考图的形式,同时可加入创作者的灵感和想法,如图 6-8 所示。

图 6-8 参考图

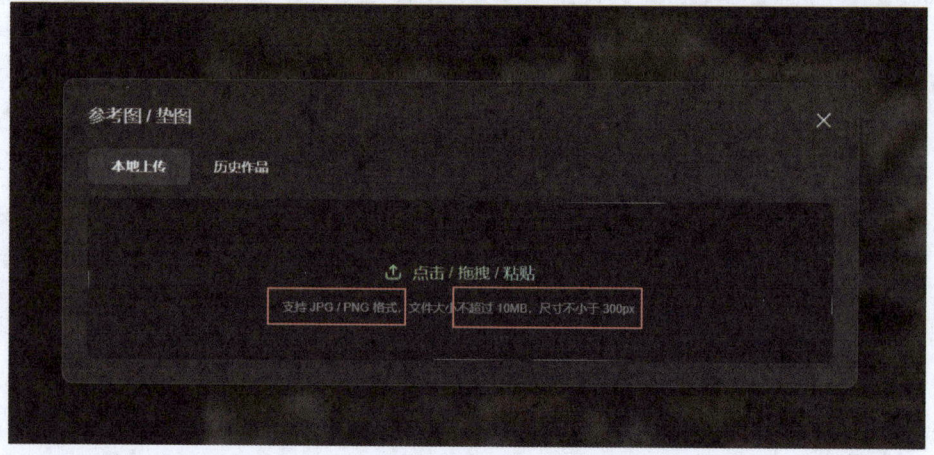

图 6-9 参考图上传

如图 6-9 所示，上传参考图的方式有两种，分别是本地上传和历史作品，可通过浏览、拖拽等方式进行。需要注意的是，参考图有格式和大小限制，格式限定在 JPG 和 PNG 两种，文件大小不超过 100MB，尺寸不小于 300px。

选取参考图之后，加入适当的创意描述，可让图片作品更加准确。

案例一

选取 6.1.1 常规绘画创作中的一幅多肉植物图片作为参考图,如图 6-10 所示。在创意描述对话框输入"请着重捕捉叶片的细腻纹理与色彩的微妙变化,充分体现露珠的清澈与光影的交错,让它们共同营造出一种静谧、充满生命力的氛围,同时保持整体构图的平衡与和谐。"

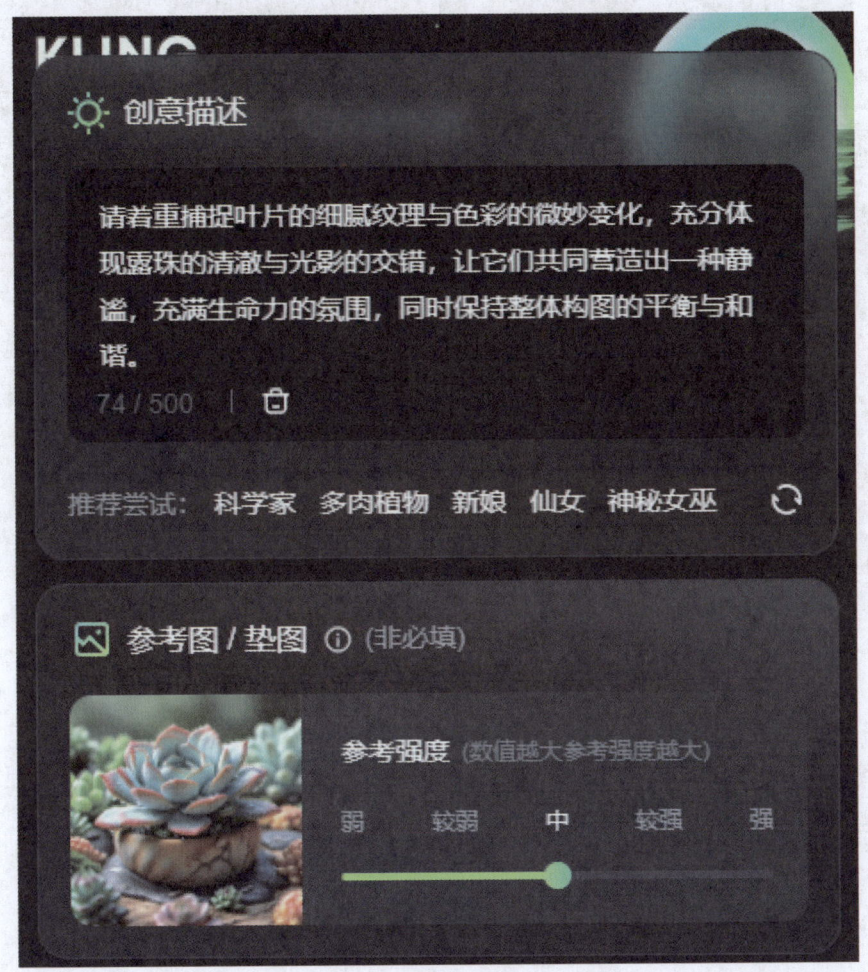

图 6-10 案例一

图 6-11 案例一

根据参考图，以及最新的创意描述，可灵大模型生成的图片作品发生了一些微妙的变化，图片中的光影效果更加明显，每一幅多肉植物上面的水滴更加清澈，光线动人，凸显了多肉植物在阳光下茁壮生长的蓬勃之感，构图和谐，充满感染力，如图 6-11 所示。

案例二

通过浏览的方式，选择电脑中的一张图片作为参考图，请可灵大模型进行图生图的操作，如图 6-12 所示。

图 6-12 案例二

图 6-13 案例二

上传一幅参考图，图片内容是自然景观画面，以茂密的森林和瀑布为核心，画面中，瀑布奔腾而下，水流交织成水帘，震撼人心，如图6-13所示。进行图生图创作，上传原图后，在创意描述对话框输入"请着重增强画面中的细节表现，树木的纹理要更加清晰，瀑布的水花要更加细腻，调整色彩使画面更加鲜艳生动，给人以强烈的视觉冲击。"如图6-14所示。

图 6-14 案例二

6.2 AI 艺术作品赏析

在当今科技与艺术日益交融的时代，AI 软件以其独特的智能互动性，为学生提供了一个全新的艺术作品赏析平台，极大地拓展了艺术教育的边界。通过深度学习，这些软件能够精准识别艺术作品的风格、流派、历史背景及创作者信息等，为学生构建出一个全面的艺术知识框架。在欣赏一幅画作时，AI 能解读画面中的色彩运用、构图技巧，还能讲述作品背后的故事，让学生仿佛穿越时空，与艺术家进行心灵的对话。对于学生而言，这样的学习过程充满趣味性，极大地提升了他们的审美修养。例如，AI 软件通过智能推荐系统，根据学生的兴趣，推送相似的艺术作品，引导学生逐步拓宽审美视野，学会从不同角度欣赏艺术之美。通过对艺术史上经典作品的逐一剖析，AI 帮助学生建立起对美的感知力，培养他们的艺术情操，使他们在面对纷繁复杂的艺术现象时，能够拥有独立思考的能力。又如，学生利用 AI 软件，可以模拟不同艺术风格，激发创造力和想象力，让艺术不再仅仅是观赏的对象，而是成为可以亲身实践、探索和表达自我情感的方式。

6.2.1 绘画作品赏析

通过 AI 软件的文件解析和图像分析等能力，可实现绘画作品的赏析活动，帮助学生理解绘画作品背后的深刻含义，比如作品创作者的思想情感，作品的创作背景等讯息。

6.2.1.1 提问模板

构图类提问模板：

画作的整体构图是怎样的？画家如何运用线条、形状和空间来构建画面？

色彩的运用有何特点？色调如何影响作品的氛围与情感表达？

技法类提问模板：

画家使用了哪些绘画技巧？例如笔触、光影效果等，如何表现画面的质感和深度？

这幅画体现了什么样的艺术风格？它属于哪个艺术流派？

思想类提问模板：

画作传达了哪些情感或思想？哪些元素（如人物、景物等）在画面中起到传达情感的作用？

画中的符号、象征物有哪些意义？它们是如何帮助表达主题的？

文化类提问模板：

这幅画的创作背景是什么？它与当时的历史、社会或文化有什么关系？

作品反映了哪些时代特征？它是否有特定的文化象征？

以《星夜》（图 6-15）为例的部分问题：

图 6-15 《星夜》

《星夜》的整体构图是怎样的？画家如何运用螺旋状的星空和曲线来构建画面？色彩的运用有何特点？浓烈的蓝色和黄色的对比，如何增强画面的动感与情感张力？

画家使用了哪些绘画技巧？如何增强作品的表现力？

这幅画体现了后印象派的风格，画家如何突破传统的光影表现方式，展现自己的情感？

《星夜》传达了什么样的情感？是对孤独、自然的敬畏，还是其他深层次的情感？

星星和月亮在画中是否有象征意义？它们代表着什么？

通过这幅画，是否可以看出画家内心的感情，如果可以，他的感情是怎样的？

画作创作的背景是否与当时的社会文化有关？它反映了哪些艺术潮流？

6.2.1.2 案例

案例一，如图 6-16 所示。

图 6-16 梵高自画像

问:

　　这幅画试图传达的核心情感是什么？画中的人物、服饰是否含有特定的象征意义？

答:

　　这幅画试图传达的核心情感是紧张、局促不安与深刻的痛苦。画中的男性肖像，面容严肃，目光深邃，通过皱起的眉头和紧闭的嘴唇，生动展现了这些情感。尽管对于画中人物的身份存在争议，有人认为是文森特·梵高的自画像，也有人认为是他的精神导师加歇医生，但无论何种解读，都无法否认画中人物所流露出的强烈情感。至于画中的人物服饰，并没有特定的象征意义。服饰主要是据实描绘，反映了当时的生活背景和人物身份。然而，这幅画在梵高与高更关系出现裂痕时所作，因此也具有一定的象征意义，可能反映了梵高当时内心的挣扎与痛苦。金黄色的头发与灰绿色的背景形成鲜明对比，进一步强化了这种情感的表达。

问:

　　画作中的笔触运用有何独到之处？色彩搭配和画面氛围之间有怎样的联系吗？

答:

　　在画作中，梵高的笔触运用展现出其独特的艺术魅力。他采用了浓重且旋转的笔触，这种笔触紧密而急促，不仅增强了画面的动感，还深刻揭示了梵高内心的紧张与痛苦。笔触的旋转和变化，如同他情感的波动，使画面充满了生命力与真实感。色彩搭配与画面氛围之间存在着紧密的联系。梵高巧妙地运用了对比强烈的颜色，人物的面部和头发以暖色调的黄色和橙色为主，而背景则采用了冷色调的灰绿色。这种色彩对比不仅增强了画面的视觉冲击力，还进一步突出了人物的面部表情，使观者的目光自然聚焦于人物的眉头和嘴唇，深刻感受到画中人物所承受的煎熬。暖色调的运

> 用赋予了画面温暖而富有情感的气息，而灰绿色的背景则营造出一种沉重和压抑的氛围，与人物内心的痛苦情感相呼应。

用户将梵高的这幅画作上传至 AI 软件，并进行提问，AI 给出的答案内容翔实，具有一定参考价值。

案例二，如图 6-17 所示。

图 6-17 向日葵

问：

梵高在这幅作品中运用了哪些独特的绘画技巧？

答：

在这幅《向日葵》作品中，梵高展现了其卓越的绘画技艺，具体体现在以下几个方面：他巧妙地运用了厚涂法，将颜料层层堆叠于画布之上，使得花瓣与叶片的质感跃然纸上，增强了画面的立体感和视觉冲击力。同时，梵高善用色彩对比，黄色的背景与向日葵的橙色、绿色花瓣形成鲜明对比，使得花朵更加鲜明突出，画面充满生机。此外，梵高的笔触短促而有力，这种技法不仅赋予了画面动感，还展现了其独特的艺术风格。在情感的表达上，梵高通过花朵的形态和色彩，传递出一种热烈而激情的情感，使观者能够深切感受到画家的内心世界。值得一提的是，梵高的构图简洁而不失深意，通过简单的元素和色彩搭配，表达了深刻的情感，使这幅《向日葵》成为不朽的艺术佳作。

问：

向日葵在梵高的作品中通常代表什么含义？这幅画的主题是什么，表达了画家怎样的内心世界？

答：

在梵高的作品中，向日葵通常代表着多重含义，包括生命力、热情、忠诚、希望以及自我表达等。向日葵作为一种向阳而生的植物，其始终朝向太阳的特性，象征着对光明和热情的追求，这与梵高对生命的热爱和对艺术的执着追求不谋而合。同时，向日葵也寓意着希望与梦想，鼓励人们保持乐观向上的心态，积极面对生活中的挑战和困难。这幅《向日葵》的主题正是围绕这些象征意义展开的。画面中的向日葵以明亮的黄色为主色调，通过细腻的笔触和强烈的色彩对比，展现了向日葵的生动与活力。这些向日葵不仅是对自然美的赞美，更是梵高内心世界的真实写照。它们象征着梵高对生命的热情与活力，对艺术的执着追求，以及对美好生活的向

> 往。从梵高的内心世界来看，这幅《向日葵》表达了他对生命的深刻理解和热爱。梵高通过这幅作品，传递出一种积极向上、充满希望和激情的情感。尽管他在现实生活中经历了许多挫折和困苦，但他始终保持着对生命的热爱和对艺术的追求，这种精神在《向日葵》中得到了充分的体现。同时，这幅作品也透露出梵高内心的孤独与纯粹，他在用画笔与色彩与世界对话，表达着自己独特的情感和思考。总的来说，这幅《向日葵》是梵高艺术才华的展现，更是他内心世界的真实反映。通过这幅作品，我们可以感受到梵高那纯粹而热烈的艺术灵魂，以及他对生命、自然和永恒的深刻思考。

6.2.2 文学作品赏析

文学，作为一种历史悠久、广为流传的文字表现形式，无论是从广义来讲，还是从狭义来讲，都是一种文学艺术，属于艺术作品的范畴。文学作品虽然是由文字构成，没有线条勾勒，没有色彩元素，但是字里行间却潜藏着文学作者的深厚情感，引人深思。在初高中阶段，学生需要学习的文学作品非常多，诗词、散文、随笔，各具特色，通过学习这些优秀的文学作品，学生的文学修养能够获得很大程度的提升。人们耳熟能详的文学作品有《观沧海》《峨眉山月歌》《晚春》《望岳》《登飞来峰》《泊秦淮》《庄子》《论语》《礼记》《马说》《左传》《战国策》《阿Q正传》《再别康桥》《茶馆》等。由于许多文学作品的创作年代和我们现在所生活的时代相去甚远，所以在学习的时候，很多学生难以深刻理解文学作品所想要表达的内涵与情感，利用 AI 软件，借助 AI 大模型的分析能力，文学作品赏析将变得不再困难。

学生向 AI 软件求助，进行文学作品赏析时，要先把文学作品内容存档在既定的目录下，然后上传文件，输入问题即可，提问时最好再附加一段该文学作品的简介内容，以便于 AI 软件更准确、更深刻地"理解"。

提问公式：我将上传给你一份存有文学作品的文件，请帮我分析文档中的文学作品【文学作品基本信息】+【分析角度／类型】+【具体关注点／问题】。

示例问题一：【《哈姆雷特》这部莎士比亚的经典悲剧……】+【人物性格分析】+【请深入分析哈姆雷特王子犹豫不决的性格特征，并探讨这种性格是如何影响剧情发展的】。

示例问题二：【《百年孤独》这部魔幻现实主义小说……】+【主题与象征意义】+【请解析作品中"黄蝴蝶"这一象征元素的含义，以及它如何与小说的主题"孤独"相呼应】。

示例问题三：【《西游记》这部我国古代神魔小说……】+【文化背景与影响】+【请探讨《西游记》中孙悟空的形象在中国传统文化中的地位，以及这一形象对后世文学和影视作品的影响】。

案例一

请 AI 软件分析文学作品《背影》（朱自清），将《背影》的相关简介内容存于文档，上传至 AI 端，输入问题，请 AI 作答。如图 6-18、6-19 所示。

AI 教育：
令人惊叹的人工智能超级导师

```
✏ 创意写作    📄 文档分析    🌐 网页分析    🎨 智慧绘图    🌍 多语种翻译    ％ 我的指令

W 《背影》朱自清        7.1k 字  ✕
```

《背影》，朱自清先生的代表作品之一，作品主题分析，请深入分析朱自清先生这部作品想要表达的深刻思想感情和主旨。

图 6-18 案例一

《背影》是朱自清先生于1925年创作的回忆性散文，作品通过描述作者离开南京到北京大学，父亲送他到浦口火车站并替他买橘子的情景，深刻表达了父子之间的真挚感情。以下是对这部作品主题思想的深入分析：

（1）父子深情与感恩

全文围绕"背影"这一核心形象，展现了父亲对儿子的深沉爱意和无私关怀。朱自清先生以细腻的笔触描绘了父亲在月台爬上攀下为他买橘子的背影，这个背影成为作者心中最深刻的记忆，象征着父亲饱经忧患、半生潦倒的印记，同时也表现了父亲对儿子深挚的爱。这种爱不仅仅是物质上的帮助，更是精神上的支持和情感上的寄托。通过这一细节，作者表达了对父亲的感恩之情，以及对这份无私爱的珍视。

（2）离别之痛与思念之苦

作品中，朱自清先生还表达了对父亲离别时的深沉眷恋和不舍。在车站送别的场面中，作者对父亲的背影进行了具体的描绘，并详细记录了父亲在人群中的背影逐渐消逝的过程。这一描写不仅体现了作者当时内心的离愁别绪，也预示了日后对父亲的深深思念。在文章的结尾，作者读着父亲的来信，泪光中再次浮现出父亲的背影，这种思念之情达到了高潮。这种离别之痛和思念之苦，是作品主题的重要组成部分。

（3）亲情的珍贵与人生的感慨

通过《背影》这篇作品，朱自清先生还表达了对亲情的珍视和对人生的感慨。他回顾了与父亲共同经历的风雨岁月，感叹人生道路的坎坷与不易。同时，他也意识到亲情的珍贵和不可替代性，这份亲情成为他人生道路上最坚实的后盾和最温暖的慰藉。在作品中，作者多次提到家庭的困境和父亲的艰辛，这些都更加凸显了亲情的伟大和无私。

（4）时代背景下的父子关系

此外，《背影》还反映了当时社会背景下父子关系的真实面貌。在旧道德观念的冰水退潮时，人与人之间的关系特别是父子关系中最真诚、最动人的天伦之情开始觉醒。朱自清先生通过这篇作品，展现了在这种觉醒面前，人们开始作为一个真实的人来占有并表露自己的感情。这种感情的流露不仅体现了人性的真实与美好，也反映了当时社会对亲情和家庭的重视与回归。

综上所述，《背影》这篇作品通过描述父亲为儿子买橘子的情景，深刻表达了父子之间的真挚感情和感恩之情；同时通过对离别之痛和思念之苦的描绘，展现了亲情的珍贵与不可替代性；还反映了当时社会背景下父子关系的

图 6-19 案例一

案例二

请 AI 软件分析文学作品《观沧海》（曹操），将《观沧海》的相关简介内容存于文档，上传至 AI 端，输入问题，请 AI 作答。如图 6-20、6-21 所示。

> 创意写作　文档分析　网页分析　智慧绘图　多语种翻译　我的指令
>
> W 《观沧海》曹操　　2.8k 字
>
> 《观沧海》，东汉末年重要历史人物曹操的文学作品，作品主旨和人物性格分析，请深入分析《观沧海》作者曹操的人物性格，以及曹操想要通过《观沧海》这部作品所体现的感情。

图 6-20 案例二

> 《观沧海》是东汉末年政治家、军事家、文学家曹操创作的一首四言诗。以下是对曹操的人物性格，以及他通过《观沧海》这部作品所体现的感情的深入分析：
>
> ### (1) 曹操的人物性格
>
> 雄心壮志，胸怀天下：
>
> 曹操是历史上著名的政治家和军事家，他一生致力于统一中国，实现自己的政治抱负。他的性格中充满了对权力和事业的渴望，这种渴望在《观沧海》中得到了淋漓尽致的体现。
>
> 坚韧不拔，勇往直前：
>
> 曹操在军事和政治斗争中经历了许多挫折和困难，但他从未放弃自己的目标。他的性格中透露出一种坚韧不拔、勇往直前的精神，这种精神在诗中通过大海的形象得到了象征性的表达。
>
> 豪放不羁，气吞山河：
>
> 曹操的文学作品以其豪放不羁、气吞山河的风格而著称。《观沧海》中的诗句如"日月之行，若出其中；星汉灿烂，若出其里"等，都充分展现了他豪放不羁、胸怀宽广的性格特点。
>
> ### (2) 通过《观沧海》体现的感情
>
> 对自然景色的赞美：
>
> 《观沧海》通过描绘大海吞吐日月、包蕴万千的壮丽景象，表达了诗人对自然景色的赞美之情。诗中细腻地刻画了高山大海的壮阔，展现了大自然的雄伟壮丽。
>
> 对人生理想的追求：
>
> 曹操在诗中不仅赞美了自然景色，更通过大海的形象寄托了自己的人生理想。他渴望像大海一样容纳万物，统一中国，实现自己的政治抱负。这种追求在诗中得到了深刻的体现。
>
> 对宇宙奥秘的思考：
>
> 诗中"日月之行，若出其中；星汉灿烂，若出其里"等诗句，不仅展现了大海的壮阔景象，更引发了诗人对宇宙奥秘的思考。他通过想象日月星辰的运行轨迹，表达了自己对宇宙无尽奥秘的好奇和探索精神。

AI 教育：
令人惊叹的人工智能超级导师

> 对命运的感慨：
> 作为一位历经沧桑的政治家和军事家，曹操在诗中也不免流露出对命运的感慨。他庆幸自己能够亲临大海，感受大自然的壮丽景色，并用诗歌来表达自己内心的志向和感情。这种感慨在诗中通过"幸甚至哉，歌以咏志"等诗句得到了体现。
>
> 综上所述，《观沧海》不仅展现了曹操豪放不羁、胸怀宽广的性格特点，更通过描绘大海的壮丽景象表达了他对自然景色的赞美、对人生理想的追求、对宇宙奥秘的思考以及对命运的感慨。这首诗是曹操文学作品中的佳作之一，也是中国古代山水诗的瑰宝之一。

图 6-21 案例二

AI 趣味学习导师

中小学生利用 AI 软件,能够获得实现趣味学习。AI 软件就像一位称职的趣味学习导师,带领学生在单调枯燥的学习过程中,获得趣味性体验,真正让学生能够喜欢上学习,爱上学习,把学习当作享受,获得很大的学习积极性。

第 7 章

7.1 讲故事

当学生在学习过程中感到枯燥乏味，遇到一些抽象难懂的概念时，AI可以成为一个极具创意的学习伙伴，帮助学生通过故事化的方式重新点燃学习兴趣。例如，如果一个学生正在学习物理学中的力学知识，AI可以结合学生的兴趣，创作一个关于宇航员在太空中冒险的故事。在这个故事里，宇航员在空间站上进行任务，必须依靠力学原理来解决一系列问题，比如如何应对失重环境下的物体运动，如何利用牛顿第三定律来调整太空船的方向，或者如何运用杠杆原理在紧急情况下修复设备。通过这种生动的情节和背景，抽象的力学原理变得有趣。由于AI大模型具有强大的分析处理能力，所以AI生成的故事不仅是简单的背景设定，还能随着学生的学习进度实时调整。当学生对某个概念有了疑问时，AI可以根据学生的反馈及时加入更多的细节，深入解释复杂的原理。甚至，当学生提出新的问题时，AI可以将这些问题融入故事情节中，创造出更多有趣的互动。

通过这种互动性和个性化的故事，学生能够在富有创意的情境中轻松掌握复杂的概念，还能更加主动地参与学习。这样一来，学生可以在享受故事的同时，潜移默化地理解并掌握晦涩难懂的内容，从而激发他们更大的探索欲望。

提问时，学生要先把自己目前正在学习的学科、进度、内容发给AI，然后请AI结合这些情况生成故事，这样，学生很可能会从故事中获得关于目前学习情况的启迪。公式如下：【学习进度】+【故事要求】。

案例一

问:

某高中学生小李,当前正处于语文课程的学习中,正在研究古代文学,小李主要的学习内容是李白的《将进酒》和杜甫的《春望》。结合小李目前的学习情况,请为他生成一个小故事,既有解闷和调节情绪的作用,又能够融入一些学习的元素。

答:

在一个春意盎然的午后,阳光透过教室的窗户,斑驳地洒在课桌上,给紧张的学习氛围添上了一抹温柔的色彩。小李,这位对古代文学充满无限热爱的高中学生,正坐在教室的一角,目光时而聚焦于手中的《唐诗宋词选》,时而又飘向窗外那片生机勃勃的绿意,心中涌动着无限的灵感与遐想。

这天,语文老师布置了一项特别的作业——以"穿越时空的对话"为主题,创作一篇短文,要求选取一位古代诗人,设想与其在现代的一次相遇,并通过对话展现古今文化的碰撞与融合。小李毫不犹豫地选择了李白,那个在他心中永远飘逸不羁、豪情万丈的诗仙。

放学后,小李没有急着回家,而是独自留在学校,漫步在校园的林荫道上,心中默默构思着与李白的"邂逅"。突然,一阵风吹过,带来几片落叶的旋转,仿佛时空之门悄然开启。小李惊讶地发现,自己竟站在了一个古色古香的酒肆前,而那位身着长袍,手持酒杯,正吟咏着"君不见黄河之水天上来,奔流到海不复回"的,不正是他梦寐以求的李白吗?

小李鼓起勇气,上前搭话:"李先生,我是来自千年之后的学生小李,对您的诗作仰慕已久。今日有幸相见,不知能否请教一二?"李白闻言,爽朗一笑,邀小李共饮一杯。

在酒香与诗意交织的氛围中,小李向李白讲述了现代社会的变迁,科技的飞速发展,以及人们对古典诗词的热爱与传承。李白听后,眼中闪烁着好奇与感慨："想不到千年之后的世界竟有如此变化，吾辈之作，竟能跨越时空，触动后人之心，实乃幸事。"

小李趁机提出了自己的疑惑："先生之诗，意境深远，情感真挚，不知您在创作时，是如何捕捉那些稍纵即逝的灵感，又将它们化为不朽之作的呢？"李白沉思片刻，笑道："诗，乃心中之物，源于生活，高于生活。吾常以酒为媒，以月为伴，让情感自然流淌，方能成诗。至于技巧，不过是锦上添花罢了。"

一番对话，让小李受益匪浅，他仿佛看到了诗词创作背后那份纯粹与热爱。正当他准备告别，回到现实世界时，一阵风吹过，他又回到了熟悉的校园。手中紧握的，不仅是对这次奇妙经历的回忆，还有一篇灵感四溢的短文草稿。

回到家中，小李迫不及待地开始撰写那篇关于"穿越时空的对话"的短文，字里行间充满了对李白及其诗作的深刻理解，以及自己对古典与现代文化交融的独特见解。这次经历，不仅让他的作文大放异彩，更激发了他对文学创作的无限热情，让他在未来的学习道路上，更加坚定地追寻着那份跨越时空的诗意与远方。

案例二

问：

我是小学六年级学生小张，正在学习唐诗《宿建德江》，感觉有点枯燥乏味，可否帮我结合我的情况为我讲故事？

答:

当然可以,小张!唐诗《宿建德江》是唐代诗人孟浩然的作品,这首诗虽然简单,但其中却蕴含着很多深意。如果你觉得读起来有点枯燥,不妨换个角度,结合故事来理解这首诗,也许会更有趣。

故事是这样的:故事:孟浩然与他的江湖之梦

很久很久以前,在一个叫建德的小城,住着一位喜欢四处游历的诗人——孟浩然。孟浩然虽然身世普通,但他从小喜欢读书,尤其喜欢大自然。他曾经在山川河流中流连忘返,沉浸在大自然的美景里,写下了许多脍炙人口的诗篇。

有一天,孟浩然决定去建德的江边旅行。他背上行囊,踏上了这条平静的江河,准备在那里宿夜。那时候的夜晚,月亮明亮,江水也非常宁静,只有偶尔的微风拂过。孟浩然心里很平静,他想:也许这是自己的一片净土,是一个可以逃离尘世喧嚣、享受内心平静的地方。

他躺在船上,听着远处传来的渔歌,心中不禁生出一些感慨。眼前的这片江水,仿佛能够抚慰他内心的疲惫。可是,夜晚的寂静中,他忽然想到自己在京城的那段时光——那些官场上的钩心斗角、人与人之间的冷漠,他感到有些迷茫。于是,他开始在心中思考,自己为什么要追逐那些荣华富贵?那又能带来什么真正的安慰呢?

孟浩然的眼前是江水的微波,月亮倒映在水面上,天和地仿佛融为一体,他感受到一种心灵的自由与宁静。他意识到,或许他真正追求的,不是名利和地位,而是这种如江水般平静、如月亮般明亮的心境。

……

希望这个故事能帮助你更好地理解《宿建德江》!如果你有什么问题或感兴趣的部分,随时告诉我哦!

7.2 创意写作工坊

打开 AI 软件，进入 AI 世界，学生就像进入一个创意写作工坊，借助 AI 的大数据分析和处理能力，完成创意写作，为单调的学习过程增加一些调剂，让学生能够以更加轻松的心态面对学习中的问题。

在传统的写作模式下，学生面对作文题目时，先要进行构思，整理出框架，然后书写主体内容，整个过程比较烦琐，而且需要耗费较多的心力与时间。当学生感觉学习疲惫的时候，不妨运用 AI，帮自己完成创意写作，既符合题目的要求，又具有一定的创意性，学生阅读后，能够获得情绪上的放松，同时可能获得撰写作文方面新的灵感，可以算是一举两得。

案例一

作文题目：《如果我是时间的旅行者》。如图 7-1 所示。

字数要求：600 字左右（不少于 500 字，不超过 700 字）。

文体要求：记叙文或想象文。

内容要求：设想自己是一位拥有时间旅行能力的少年，可以自由穿梭于过去和未来。描述一次具体的时间旅行经历，可以是回到过去见证历史事件，或前往未来探索科技进步，甚至是遇见你自己的未来。思考这次旅行给你带来的启示。

语言要求：语言表达清晰，结构合理，条理分明。

第 7 章 AI 趣味学习导师

> **问：**
> 　　请结合以下题目进行创意写作，要求紧扣主题，同时具有创意性、趣味性（在此不再重复显示题目与要求）。

请结合以下题目进行创意写作，要求紧扣主题、同时具有创意性、趣味性（在此不再重复显示题目与要求）。
作文题目：《如果我是时间的旅行者》
字数要求：600字左右（不少于500字，不超过700字）。
文体要求：记叙文或想象文。
内容要求：设想自己是一位拥有时间旅行能力的少年，可以自由穿梭于过去和未来。描述一次具体的时间旅行经历，可以是回到过去见证历史事件，或前往未来探索科技进步，甚至是遇见你自己的未来。思考这次旅行给你带来的启示。
语言要求：语言表达清晰，结构合理，条理分明。

如果我是时间的旅行者

在那个阳光明媚的午后，我，一个看似平凡却拥有非凡能力的少年，轻轻地拧动了手中的时间罗盘。瞬间，四周景象如万花筒般旋转，我，成为了一名时间的旅行者。

我的第一站，是古埃及的金字塔下。烈日炙烤着黄沙，我目睹了奴隶们用简陋的工具，一砖一瓦地堆砌起那不朽的奇迹。汗水与泥土交织，他们的脸上既有疲惫也有对未知的敬畏。那一刻，我深刻体会到了人类文明的厚重与艰辛。

随后，我跃入了未来的怀抱。那是一个科技与自然和谐共生的时代，城市悬浮于空中，绿色植被覆盖每一个角落。人们使用着透明的全息屏幕交流，智能机器人穿梭其间，为人类提供无微不至的服务。最让我震撼的是，人类已经掌握了星际旅行的技术，正准备向浩瀚的宇宙深处进发。这场景，让我对未来充满了无限的憧憬。

最终，我鼓起勇气，踏上了寻找"未来的自己"的旅程。在一片光芒中，我见到了那个更加成熟、自信的自己。他告诉我，无论身处何时何地，保持好奇心与善良的本性最为重要。时间旅行不仅是探索外界，更是内心成长的旅程。

这次时间旅行，如同一场梦幻般的冒险。它让我见证了历史的沧桑巨变，领略了未来的无限可能，更重要的是，它教会了我珍惜当下，勇敢追梦。当我再次转动时间罗盘，回归现实，心中已装满了对未来的期待和对生活的热爱。

图 7-1 案例一《如果我是时间的旅行者》

AI 生成的这段内容，基本符合写作要求，只是字数方面显得不够，学生用户可以通过继续提问请 AI 增加字数。整体来看，这段话想象力比较丰富，文中的"我"以第一人称视角，巧妙地将自己设定为一个能够穿梭时空的少年，回到古埃及见证金字塔的建造，前往未来探索科技奇观，以及遇见未来的自己，多种具体场景共同展现，而且篇末点题，深挖时间旅行的意义与启示。

案例二

作文题目：《穿越千年的对话》。

字数要求：字数不少于 400 字。

内容要求：内容需具体生动，能够展现出古今对比，同时表达出个人对于未来发展的思考和期望。假如有一天，你意外获得了一本古老的日记，里面记载着一位生活在一千年前的古人与未来的对话。这位古人对现代世界充满了好奇，而你作为他的引导者，将带领他探索当今社会的方方面面。请以第一人称的角度，写一篇作文描述你们之间的对话以及你所展示给古人的现代生活景象。如图 7-2 所示。

> **问：**
>
> 请结合以下题目进行创意写作，要求紧扣主题，同时具有创意性、趣味性（在此不再重复显示题目与要求）。

请结合以下题目进行创意写作，要求紧扣主题，同时具有创意性、趣味性。
作文题目：《穿越千年的对话》
字数要求：字数不少于400字。
内容要求：内容需具体生动，能够展现出古今对比，同时表达出个人对于未来发展的思考和期望。假如有一天，你意外获得了一本古老的日记，里面记载着一位生活在一千年前的古人与未来的对话。这位古人对现代世界充满了好奇，而你作为他的引导者，将带领他探索当今社会的方方面面。请以第一人称的角度，写一篇作文描述你们之间的对话以及你所展示给古人的现代生活景象。

穿越千年的对话

阳光洒在我的书桌上，一本古朴的日记静静地躺在那里，散发着淡淡的墨香。我好奇地翻开它，突然，一阵耀眼的光芒将我包围，当我再次睁开眼时，发现身边站着一位身着长袍、蓄着长发的古人。

"你……你是谁？"我惊讶地问道。

"吾乃千年前的书生，名曰子瑜。偶得此日记，不料竟能穿越时空，与汝相见。"他拱手作揖，文绉绉地说道。

"哈哈，欢迎来到现代世界！"我笑着回应，心中充满了惊喜。

我带他来到繁华的街道，霓虹灯闪烁，车水马龙。子瑜瞪大了眼睛，惊叹不已："此等景象，真乃仙境也！"

我笑着摇摇头，解释道："这可不是仙境，是现代都市。这些车叫汽车，可以带着人们快速移动；那些高楼大厦，是人们居住和工作的地方。"

随后，我们又来到了科技馆。看着各种高科技展品，子瑜更是目不暇接。他尤其对那些能够与人对话的机器人感兴趣，围着它们转了好几圈。

"未来世界，必将更加精彩。"我满怀期待地说，"科技会不断进步，人们的生活也会越来越好。"

子瑜点头赞同："吾虽生于千年之前，亦能感受到时代之变迁。愿未来世界，和平美好，人人安居乐业。"

图 7-2 案例二《穿越千年的对话》

把作文题目与相关要求发送至 AI 后，AI 迅速根据学生用户的要求生成作文内容。内容生动，主要以千年的古人和文中的"我"二人对话来构成，生动有趣，发人深思。另外，学生还可以依照此段内容请 AI 继续生成智能配图，增加学习的趣味性。如图 7-3、7-4 所示。

图 7-3 案例二《穿越千年的对话》智能配图

图 7-4 案例二《穿越千年的对话》作文智能配图

7.3 聊天机器人

当学生感觉到学习的疲惫与压力，可以把 AI 软件当成一个"知心朋友"，和 AI 软件"聊聊天"，用来解闷，帮助自己调节和放松情绪，这对于提升自己的学习效率非常有帮助。

AI 心理疏导。AI 软件相当于一个聊天机器人，能够为学生起到情感支持的作用，就像一个无话不谈的好朋友。当学生感觉困惑、烦躁、焦虑的时候，可以和 AI 软件对话，倾诉自己的感受。无论是生活方面还是学习方面，只要是自己遇到的问题，学生都可以和 AI 表达，无须过多担心，AI 软件 24 小时待命，给予温暖的回应，甚至还能够为学生提供具有一定现实性的应对策略，对他们进行心理疏导，帮助他们获得情感支持。

AI 激发学习兴趣。在困惑或无聊的时候，学生用户可以和 AI 软件"闲聊"，也可以带着目的去和它聊天，换句话说，学生可以和 AI 沟通课程相关的问题，比如，尝试着询问 AI，"怎么才能让 ×× 相关的知识点学起来更有趣""怎么才能更轻松地掌握 ×× 知识"等，这样一来，AI 软件可以通过合理的回答，帮助学生轻松地缓解疲惫感，减轻他们枯燥的学习压力。

AI 软件就像一个知心好友，能够 24 小时给学生提供一个宣泄情绪的平台，同时提供个性化的学习帮助建议。随着多次问答互动，学生能够更好地调节自己的情绪，减轻焦虑感，提升学习动力。虽然 AI 不能替代人与人之间的深度交流，但它在日常生活和学习中，能为学生提供实用的心理疏导，这对于学生也有重要的帮助。

向 AI 软件求助时，学生最好提供比较全面的线索、背景。问题中要包括自己所处的学段，自己困惑的问题等，提供的信息越详细，AI 所能够提供的情绪价值和实际价值就越明显。

案例一，如图 7-5 所示。

问：

我是一名初二的学生，因为最近在学习数学的难题而困扰，感觉身心疲惫。对于有理数知识板块绝对值的化简，运算时符号掌握不够熟练，经常出错，我应该怎么办，我应该怎么调节情绪，并且逐渐掌握好这些知识点呢？

我是一名初二的学生，因为最近在学习数学的难题而困扰，感觉身心疲惫。对于有理数知识板块绝对值的化简，运算时符号掌握不够熟练，经常出错，我应该怎么办，我应该怎么调节情绪，并且逐渐掌握好这些知识点呢？

参考4条网页信息源

面对有理数知识板块绝对值的化简以及运算时符号掌握不够熟练的问题，以下是一些具体的建议和调节情绪的方法，希望能帮助你逐渐掌握这些知识点：

知识点掌握建议

(1) **理解绝对值的基本概念：**

绝对值的代数意义：正数的绝对值是它本身，负数的绝对值是它的相反数，0的绝对值是0。

绝对值的几何意义：一个数的绝对值表示这个数的点到原点的距离。

(2) **掌握绝对值化简的基本步骤：**

判断绝对值内的代数式是正数、负数还是零：这是化简绝对值的第一步，因为不同的正负情况会导致不同的处理方式。

如果代数式为正数，直接去掉绝对值符号进行化简。

如果代数式为负数，去掉绝对值符号后，需要在前面加上负号。

如果代数式为零，则直接化简为0。

处理多个绝对值嵌套的情况：从内到外依次处理，先解决最里面的绝对值，然后逐步解决外部的绝对值。

利用数轴进行分段讨论：将问题简化成几个简单的情况分别处理，然后再综合结果。

(3) **熟记绝对值化简的口诀：**

"**同号得正，异号得负**"：当绝对值内的代数式符号相同时，结果为正；当符号不同时，结果为负（但需要注意，这里的"异号得负"是指在去掉绝对值符号后，如果原式是负数则需要加负号，而不是说绝对值的结果本身是负数）。

(4) 多做练习：

通过大量的练习来加深对绝对值化简方法的理解和应用，特别是对于复杂情况的处理，需要反复实践以提高熟练度。

调节情绪建议

(1) **建立积极的心态：**

认识到数学只是一系列可以通过学习和实践掌握的技能，而不是一些人天生具备、另一些人则永远无法触及的能力。

逐步接纳自己在数学上的现状，并相信自己有能力通过努力变得更好。

(2) **制定合理的学习计划：**

将大的学习目标分解成小目标，如每天掌握一个绝对值化简的技巧或解决一定数量的相关题目。

合理安排学习时间，避免过度劳累。

(3) **寻求帮助：**

当遇到难题时，不要害怕向老师、同学或家长寻求帮助。

可以参加数学辅导班或在线学习平台上的相关课程，获取更多的学习资源和指导。

(4) **保持兴趣和好奇心：**

尝试将数学与日常生活联系起来，发现数学在生活中的应用和价值。

参加数学竞赛或数学游戏，增加学习的乐趣和动力。

综上所述，通过理解绝对值的基本概念、掌握化简步骤、多做练习以及调节好情绪和学习方法，你一定能够逐渐掌握有理数知识板块中的绝对值化简和运算技巧。加油！

图 7-5 AI 聊天机器人案例一

案例二，如图 7-6 所示。

问：

我是一名高二的学生，薄弱学科的物理。最近正在学习带电粒子在复合场运动，这一版块的知识点有很强的综合性，是许多物理小知识点拼凑而成的，每次在试卷中出现这方面的问题我都出错。久而久之，现在我对带电粒子在复合场运动的相关题目已经开始没有信心了，我应该怎么办才能熟练掌握这些问题？又该怎样才能不再对这些题目感到胆怯呢？

AI 教育：
令人惊叹的人工智能超级导师

> 我是一名高二的学生，薄弱学科的物理。最近正在学习带电粒子在复合场运动，这一版块的知识点有很强的综合性，是许多物理小知识点拼凑而成的，每次在试卷中出现这方面的问题我都出错。久而久之，现在我对带电粒子在复合场运动的相关题目已经开始没有信心了，我应该怎么办才能熟练掌握这些问题？又该怎样才能不再对这些题目感到胆怯呢？

面对带电粒子在复合场运动这一综合性较强的物理知识点，感到困难和缺乏信心是很正常的。但别担心，通过系统学习和实践，你完全可以掌握这一部分内容。以下是一些建议，帮助你提高在这一领域的解题能力，并重建信心。

(1) 系统复习基础知识

① 电场与磁场基础：

回顾电场强度、电势、电场力等基本概念。
理解磁场的概念、磁感应强度、洛伦兹力等。

② 力学基础：

熟练掌握牛顿第二定律、动量定理、动能定理等力学基本定理。
理解圆周运动、平抛运动等运动形式。

③ 能量与动量：

复习功能关系、机械能守恒定律、动量守恒定律等。

(2) 深入理解带电粒子在复合场中的运动

① 电场中的运动：

分析带电粒子在电场中的加速、减速、偏转等运动情况。
利用电场力做功与电势能变化的关系，解决相关问题。

② 磁场中的运动：

掌握带电粒子在磁场中的匀速圆周运动规律。
学会利用洛伦兹力提供向心力的公式解决相关问题。

③ 复合场中的运动：

分析电场与磁场共同作用下的带电粒子运动情况。
学会利用电场力、洛伦兹力以及重力等力的合力作用，分析粒子的运动轨迹。

(3) 掌握解题技巧

① 受力分析：

对带电粒子进行受力分析，明确各力的方向和大小。

② 运动分析：

根据受力情况，分析粒子的运动状态和运动轨迹。

③ 能量与动量分析：

利用功能关系、机械能守恒定律、动量守恒定律等解决相关问题。

④ 特殊技巧：

学会利用对称性、周期性等特性简化问题。
掌握一些常用的数学方法，如三角函数、几何知识等。

(4) 多做练习，提升熟练度
① 精选习题：
　　选择一些具有代表性的习题进行练习，加深对知识点的理解。
② 错题整理：
　　将做错的题目整理成错题本，分析错误原因，并找到正确的解题方法。
③ 模拟考试：
　　定期进行模拟考试，检验自己的学习成果，并调整学习策略。

(5) 调节心态，重建信心
① 积极心态：
　　保持积极乐观的心态，相信自己能够克服困难。
② 设定目标：
　　设定短期和长期的学习目标，逐步实现自我提升。
③ 寻求帮助：
　　当遇到难题时，及时向老师、同学或家长寻求帮助。
④ 自我激励：
　　给自己一些正面的激励，如完成一个小目标后奖励自己。

通过以上步骤，你可以逐步掌握带电粒子在复合场运动的相关知识，并重建对这一领域的信心。记住，学习是一个循序渐进的过程，不要急于求成。保持耐心和毅力，你一定能够取得进步！

图 7-6 AI 聊天机器人案例二

案例三，如图 7-7 所示。

问：

　　我是一名初三的学生，由于家庭和学习方面的压力，最近心情非常低落。我时常胆怯，眼神不自觉地躲避着周围人的目光。上课时注意力常常无法集中，脑海里总是想着和课堂无关的东西。今天老师请我回答问题，我也答不上来，感觉同学们当时都在看我的笑话，你可以开导开导我吗？

AI 教育：
令人惊叹的人工智能超级导师

> 当然可以，我非常理解你现在的感受。面对家庭和学习上的压力，感到心情低落和胆怯是很正常的反应。但请相信，这些都是暂时的，你完全有能力克服这些困难。
>
> 首先，要明白每个人都会有自己的低谷期，这是成长的一部分。你现在所经历的，正是让你变得更加坚强和成熟的过程。不要过于苛责自己，也不要因为一次答不上问题就觉得自己不如别人。每个人都有自己的节奏和强项，你的价值并不仅仅取决于一次课堂上的表现。
>
> 关于上课时注意力无法集中的问题，这可能是因为你的思绪被其他事情所困扰。试着在课前做一些放松的练习，比如深呼吸、冥想或者简单的伸展运动，这有助于让你的心情平静下来，更好地专注于课堂内容。同时，也可以尝试在课堂上主动记笔记，或者与老师和同学进行互动，这样能让你更加投入地学习。
>
> 当你感到胆怯，眼神不自觉地躲避着周围人的目光时，可以试着告诉自己：我并不比别人差，我有自己的价值和能力。每个人都有自己的优点和不足，重要的是我们如何去面对和克服它们。试着与同学们多交流，多参与集体活动，你会发现其实大家都很友善，并不会因为你的一个小失误而嘲笑你。
>
> 关于今天老师请你回答问题而你没能答上来的情况，这并不代表你就此失败了。相反，这是一个很好的学习机会。你可以课后找老师请教，或者自己查阅资料，弄清楚那个问题的答案。这样，你不仅学到了知识，还锻炼了自己的勇气和面对挑战的能力。
>
> 最后，我想说的是，不要给自己太大的压力。学习是一个循序渐进的过程，需要时间和耐心。只要你保持积极的心态，努力去做，就一定能够取得进步。记住，你并不孤单，身边有很多人和你一样在努力，也有很多人愿意帮助你。加油，你一定可以的！

图 7-7 AI 聊天机器人案例三

附录：
AI 家教颠覆你的想象

AI 课前预习

课前预习非常重要，学生面对即将学习的新知识点，合理的课前预习能够让学生更快速理解知识内容，打好基础，和接下来的学习有紧密的联系。AI 软件能够协助学生做好课前预习工作，在即将学习新知识之前，学生可先简单通读、概览课本，对于自己不懂的地方，或者是自己觉得比较重要的地方，可以全部发送至 AI，请 AI 帮忙做出分析，并且生成预习资料，帮助自己理解新知识。

案例一：课程预习，以课文《故宫博物院》为例。

问：

我即将学习课文《故宫博物院》，请帮助我进行课文预习，比如为我提供一些故宫相关的背景知识，以便于我可以更了解故宫背后的故事。

见图附录 -1，学生把即将学习课文《故宫博物院》的情况告诉 AI，AI 软件帮助学生了解故宫博物院的相关讯息，主要包括基本概况、建筑布局等内容，当学生浏览完毕这些资料后，在脑海中会形成关于故宫博物院的大体轮廓，这对于之后的课本正式学习具有重要帮助。

> 我即将学习课文《故宫博物院》,请帮助我进行课文预习,比如为我提供一些故宫相关的背景知识,以便于我可以更了解故宫背后的故事。

> 🌐 参考4条网页信息源 ˇ
>
> 学习《故宫博物院》这篇课文之前,了解故宫相关的背景知识对于深入理解课文内容和背后的故事至关重要。以下是一些关于故宫的背景知识,供你预习时参考:
>
> **(1) 故宫的基本概况**
>
> **位置与规模**:故宫位于北京市中心,旧称紫禁城,是世界上现存规模最大、保存最为完整的木质结构古建筑群之一。它占地面积约72万平方米,建筑面积约15万平方米,拥有大小宫殿七十多座,房屋九千余间。
>
> **历史沿革**:故宫始建于明永乐四年(1406年),并在明永乐十八年(1420年)正式建成。自明代第三位皇帝朱棣迁都北京后,明清两代共有24位皇帝在此居住并对全国实行统治。辛亥革命后,末代皇帝溥仪于1912年退位,故宫不再是皇宫。1925年,故宫博物院正式成立,故宫转变为开放的博物馆。
>
> **(2) 故宫的建筑布局与特点**
>
> **布局原则**:故宫的建筑布局严格遵循中轴线对称的原则,以午门、太和殿、乾清宫等建筑为中心,形成了一种严谨而有序的空间布局。这种布局体现了中国古代的宇宙观和皇权至上的思想。
>
> **主要建筑**:
>
> **外朝**:以太和殿、中和殿、保和殿三大殿为中心,是皇帝举行大典的场所。其中,太和殿是故宫中最大的宫殿,也是皇帝举行登基、大婚、册封、命将出征等大典的地方。
>
> **内廷**:包括后三宫(乾清宫、交泰殿、坤宁宫)和御花园,是皇帝和皇后居住的正宫,以及皇帝处理日常政务和举行内廷礼仪的地方。乾清宫是皇帝的寝宫,交泰殿是皇后接受朝贺的地方,坤宁宫则是皇后的寝宫。御花园则是皇帝和后妃们休息、游赏的场所。
>
> **建筑特色**:故宫的建筑以红墙金瓦为主色调,红墙象征着庄重与威严,金黄的琉璃瓦则彰显了皇家的尊贵与权威。故宫的主要建筑都是木质结构,使用了大量优质的木材,如楠木、杉木等,展现了中国古代木结构建筑的高超技艺。此外,故宫的梁柱、门窗、栏杆等部位都有精美的雕刻和彩绘,展示了高超的木工技艺和绘画艺术。
>
> **(3) 故宫的文物收藏与文化价值**

图附录-1 《故宫博物院》课文预习资料

案例二:课程预习,以课文《三峡》为例。

> **问:**
>
>   我即将学习课文《三峡》(郦道元),据说三峡景色奇艳,三峡两岸多陡峭的山壁,水流湍急,可否为我提供一些关于三峡的资料,帮助我形成关于三峡的初步印象,以便于我之后更充分和深入地理解课文。

> 当然可以，以下是一些关于三峡的资料，可以帮助你形成关于三峡的初步印象，以便之后更充分和深入地理解郦道元的《三峡》课文。
>
> **三峡概述**
>
> 三峡，位于中国长江上游，是瞿塘峡、巫峡和西陵峡三段峡谷的总称。它西起重庆市奉节县白帝城，东至湖北省宜昌市南津关，全长193千米。三峡以其壮丽的自然风光、丰富的历史文化和独特的民俗风情而闻名。
>
> **地貌景观**
>
> 三峡两岸山峰险峻，壁立千仞，江面狭窄，形成了雄奇的自然景观。
>
> **瞿塘峡：** 以雄伟著称，两岸峭壁如削，江面狭窄，水流湍急。
>
> **巫峡：** 以秀美闻名，巫峡全长46公里，绮丽幽深，有"大峡"之称。它峡长谷深，奇峰突兀，层峦叠嶂，云腾雾绕，江流曲折，百转千回，船行其间，宛若进入奇丽的画廊。
>
> **西陵峡：** 是长江三峡中最长的峡谷，长120千米，其中狭谷段长42千米。因位于"楚之西塞"和夷陵（宜昌古称）的西边而得名。西陵峡以其险峻著称，两岸山峰高耸，江水汹涌澎湃。
>
> **水文景观**
>
> 三峡河段水位落差大，江水汹涌澎湃，形成了许多壮观的景点，如神女峰、黄牛峡、兵书宝剑峡等。这些景点不仅展现了三峡的自然之美，还蕴含着丰富的历史传说和人文故事。
>
> **生物景观**
>
> 三峡地区生物多样性丰富，有众多珍稀植物和动物。两岸森林覆盖率高，四季常绿，生态环境优美。这使得三峡不仅是一个自然景观的宝库，也是一个生物多样性的保护区。
>
> **人文景观**
>
> 三峡地区历史悠久，文化底蕴深厚。沿途有许多历史遗迹和人文景观，如白帝城、张飞庙、屈原故里等。这些景点不仅展示了三峡地区的悠久历史，还体现了中华民族的智慧和创造力。
>
> **白帝城：** 位于重庆市奉节县白帝镇白帝村，地处瞿塘峡口长江北岸的白帝山上，是饱览长江三峡壮丽之美的起点。白帝城拥有多座城门，名胜古迹众多，融自然与人文、诗情与战火为一体。
>
> **张飞庙：** 位于长江三峡库区云阳县境内，是一处集自然景观与人文景观于一体的旅游胜地。张飞庙始建于蜀汉末期，距今已有1700多年的历史，是三国文化的重要载体。

图附录-2 《三峡》课文预习资料

见图附录-2，学生请AI软件提供三峡相关的资料，AI软件给出关于三峡的简要概述，同时提供三峡相关的地貌、水文、生物、人文资料，条理清晰，给学生生动全面地呈现三峡的资料，这些内容能够为学生学习《三峡》课文提供一定帮助。如果学生有较强的好奇心，还可以继续提问，深入了解三峡，比如"三峡有什么特产""三峡地区最值得去玩的景点有哪些呢"，接下来让我们看看AI将如何作答。

> 接上
>
> **问：**
> 三峡有什么特产？三峡地区最值得去玩的景点有哪些呢？

三峡的特产

三峡地区因其独特的地理环境和气候条件，孕育了丰富的特产，以下是一些主要的特产介绍：

三峡茶叶：三峡茶区被称作是中国茶树的发源地之一。这里的茶叶经过漫长的发展，逐渐形成了炒青散茶、至黄茶、红茶等多个品种。三峡茶叶所用的茶芽肥硕、色泽翠绿、叶质柔软，口感上佳且富含多种营养。

三峡猕猴桃：三峡地区不仅野生猕猴桃多，人工种植的猕猴桃也很多。猕猴桃中含有多种维生素和矿物质，不管是鲜食还是酿成酒、做成罐头都很美味。

秭归脐橙：秭归脐橙是湖北宜昌秭归的特产，秭归处于长江西陵峡畔，被誉为"中国脐橙之乡"。秭归脐橙色鲜皮薄，肉脆汁多，酸甜可口，是脐橙中的优质品种。

三峡柑桔：三峡最具代表的水果之一，果形端正，果色橙红、皮薄肉嫩，酸甜可口。

三峡薇菜：薇菜是三峡地区的特色野菜，生长在阴坡湿地之处。薇菜的嫩苔光滑，呈现紫红色和青色，顶端螺旋状并带有白色的毛状物。薇菜含有丰富的蛋白质、维生素、铁类，是一种食用价值高的野菜。

此外，三峡特产还包括三峡奶糖、三峡蜂蜜、三峡花生、三峡豆腐干、三峡黄桃、三峡酱香鸭、三峡竹笋等，这些特产不仅口感独特，而且富含营养，是游客到三峡旅游时不可错过的美食。

三峡地区最值得去玩的景点

三峡地区拥有众多值得一游的景点，以下是一些推荐的景点：

三峡大坝：世界上最大的水利工程，位于湖北省宜昌市夷陵区三斗坪镇。站在观景台，可以观赏大坝的雄姿，感受三峡工程的宏伟与壮美。

三峡人家：自然风光秀丽，历史文化底蕴深厚。游客可以乘坐乌篷船游览景区，感受三峡的巴楚文化。

三峡大瀑布：原名白果瀑布，为中国十大名瀑之一。幽幽峡谷之中，空气清新，青山叠翠，瀑布飞流直下，水花四溅，是欣赏洞奇瀑美的自然风光的好去处。

屈原故里：位于宜昌市秭归县平湖大道，文化底蕴深厚，景区内景点众多，保留了当年屈原的生活遗迹，是体验屈子文化、感受诗意与历史交融的好地方。

清江画廊：位于湖北省宜昌市长阳土家族自治县，江水碧绿，群峰苍翠，在蓝天白云之下，犹如一幅山水画。乘船漫游江上，可以探访山水仙境，两岸峰峦叠嶂，天高云淡。

此外，还有西陵峡、巫峡、三游洞、三峡竹海、三峡之巅、石宝寨、白帝城等景点也值得一游。这些景点各具特色，有的以自然风光为主，有的则以人文历史见长，游客可以根据自己的兴趣和时间安排进行选择。

图附录-3 《三峡》课文预习资料

见图附录-3，在学生的继续追问下，AI软件明确回答了三峡当地的特产（三峡茶叶、三峡猕猴桃等），以及三峡地区最值得去游览的景点，内容非常全面，能够让学生对三峡的了解更进一步。

AI 教育：
令人惊叹的人工智能超级导师

案例三：课程预习，以七年级数学（上册）有理数为例。

> **问：**
>
> 我是一名七年级的学生，即将学习数学课程的有理数版块，请帮我进行课程预习，帮助我更快速准确地了解有理数的概念。

有理数预习指南

有理数是我们日常生活中经常遇到的数字类型，它们包括整数、分数和小数（有限小数和无限循环小数）。下面，我们将一步步地了解有理数的概念。

(1) 有理数的定义

有理数是可以表示为两个整数（分子和分母）之比的数，其中分母不为0。

　　整数： 如 $1, -2, 3, 0$ 等。

　　分数： 如 $\frac{1}{2}, -\frac{3}{4}, \frac{5}{7}$ 等。

　　有限小数： 如 $0.5, -1.25, 3.75$ 等。

　　无限循环小数： 如 $0.\overline{3}, -0.\overline{142857}$ 等（注意：$0.\overline{3}$ 表示 $0.333\ldots$，即无限循环的3）。

(2) 有理数的分类

有理数可以分为正有理数、负有理数和0。

　　正有理数： 大于0的有理数，如 $1, \frac{2}{3}, 0.75$。

　　负有理数： 小于0的有理数，如 $-1, -\frac{2}{3}, -0.75$。

　　0： 既不是正数也不是负数的特殊有理数。

(3) 有理数的运算

有理数的运算包括加法、减法、乘法和除法。

　　加法： 同号相加取相同的符号，异号相加取绝对值较大的数的符号，并用较大的绝对值减去较小的绝对值。

　　减法： 减去一个数等于加上这个数的相反数。

　　乘法： 同号相乘得正，异号相乘得负，并把绝对值相乘。

　　除法： 除以一个数等于乘以这个数的倒数。

图附录-4 有理数预习资料

接上

> **问：**
>
> 请为我出一些关于有理数的预习练习题，难度低一些。

> 当然可以，以下是一些关于有理数的预习练习题，难度适中，适合初学者巩固知识点：
>
> **(1) 选择题**
>
> ① 下列哪个数不是有理数？
> A. $\frac{1}{3}$
> B. $0.\overline{6}$
> C. $\sqrt{2}$
> D. -7
>
> ② 下列说法正确的是：
> A. 有理数就是有限小数和无限小数的统称
> B. 一个有理数的绝对值一定是正数
> C. 只有0的绝对值是它本身
> D. 互为相反数的两个数的绝对值相等
>
> ③ 下列计算正确的是：
> A. $3 + (-2) = 1$
> B. $\frac{1}{2} - \frac{1}{3} = \frac{1}{6}$
> C. $-5 \times 6 = 30$
> D. $\frac{4}{5} \div (-\frac{1}{5}) = -4$
>
> **(2) 填空题**

图附录 -5 有理数预习资料

见图附录 -4、附录 -5，AI 软件给出非常详细的有理数资料，主要包括有理数的定义、分类等，并且可以在学生的进一步提问下给出一些适合初学者巩固知识的练习题。

案例四：课程预习，以九年级化学（上册）物质的变化和性质为例。如图附录 -6 所示。

> **问：**
>
> 我是一名九年级的学生，即将学习化学课本中物质的变化和性质相关内容，请帮我生成预习资料，以便于我在今后的学习中能够更准确快速地掌握相关知识点。

当然可以帮助你预习化学课本中"物质的变化和性质"这部分内容。以下是为你准备的预习资料，旨在帮助你提前了解这一章节的核心概念和关键知识点，以便在学习时能够更准确快速地掌握。

预习资料：物质的变化和性质

（1）物质的变化

① 物理变化

定义：没有新物质生成的变化。

特点：物质的种类不变，只是物质的状态、形状或大小发生了变化。

示例：水结冰（状态变化）、纸张折叠（形状变化）、沙子被筛分成不同大小的颗粒（大小变化）。

② 化学变化

定义：有新物质生成的变化。

特点：物质的种类发生了变化，通常伴随着能量的释放或吸收（如光、热）。

示例：铁生锈（生成了新的物质——铁锈）、燃烧（物质与氧气反应，生成新的物质）、酸碱中和反应（生成盐和水）。

③ 物理变化与化学变化的区别

是否有新物质生成：物理变化无新物质生成，化学变化有新物质生成。

能量变化：物理变化通常不伴随能量的显著变化（除非涉及相变，如熔化、汽化等），而化学变化通常伴随能量的释放或吸收。

（2）物质的性质

① 物理性质

定义：不需要通过化学变化就能表现出来的性质。

示例：颜色、气味、状态（固态、液态、气态）、密度、硬度、熔点、沸点、导电性、导热性等。

② 化学性质

定义：在化学变化中表现出来的性质。

示例：可燃性（能否燃烧）、氧化性（能否与氧反应）、还原性（能否失去电子）、酸碱性（能否与酸碱反应）、稳定性（是否容易分解）等。

③ 物理性质与化学性质的联系与区别

联系：物质的性质是相互关联的，某些物理性质的变化可能暗示着化学性质的变化。

区别：物理性质不需要通过化学变化就能观察，而化学性质必须通过化学变化才能表现出来。

（3）实验观察与探究

观察物质变化：通过实验观察物质在加热、冷却、混合、反应等过程中的变化，记录现象，分析变化类型。

探究物质性质：利用实验工具（如天平、量筒、温度计、pH试纸等）测量物质的物理性质；设计实验探究物质的化学性质，如通过燃烧实验判断物质的可燃性。

（4）预习小贴士

理解概念：确保对物理变化和化学变化、物理性质和化学性质的定义有清晰的理解。

联系实际：尝试将所学知识与日常生活中的现象联系起来，如食物腐败是化学变化，冰融化是物理变化。

动手实验：如果条件允许，可以尝试进行一些简单的家庭实验来加深对物质变化和性质的理解。

总结归纳：学习完每个知识点后，尝试进行总结归纳，形成自己的知识体系。

图附录-6 物质的变化和性质预习资料

AI 课后复习

俗话说"温故而知新",课后复习对于每一位学生而言都是非常重要的,通过复习,能够巩固之前所学的知识点,让知识点在脑海中记忆得更加牢固,学生还有可能在复习过程中产生新的体会。借助 AI 工具的力量,学生可以优化课后复习效果。

请 AI 生成个性化复习计划。将自己的学习进度,对于知识的掌握情况发送给 AI,请 AI 软件针对自己的具体情况来生成个性化的复习计划。课程结束后,学生要适当反思自己对于知识的掌握情况,比如自己的薄弱之处,自己觉得哪里最难,等等。之后将这些内容整理汇总到一起,发送给 AI,请它结合学生自身学习情况,制订针对性、个性化的复习计划,查漏补缺,完善脑海中的知识版块。如图附录 -7 所示。

问:

小刚是一名高中二年级的学生,在物理课程方面,小刚对于力学知识的掌握不太熟练,请帮小刚制订一份针对力学知识版块的复习计划。

AI 软件根据提问,给出着重于物理学科力学版块的复习计划,计划一共四周(篇幅受限,在此仅展示前两周内容),包括每日任务、周末总结、周末实践等,分条明晰,学生可根据自身情况选择性应用计划。

针对小刚在物理课程中力学知识掌握不熟练的情况，以下是一份详细的复习计划，旨在帮助他系统性地巩固力学基础，提高解题能力。

复习目标

掌握基本概念：理解并记忆力学中的基本概念，如力、质量、加速度、动量、动能、势能等。
熟练运用公式：能够正确应用牛顿运动定律、动量守恒定律、动能定理、万有引力定律等核心公式。
增强解题技巧：通过大量练习，提高解题速度和准确性，学会分析题目信息，形成有效的解题思路。
理解实验原理：熟悉力学实验的基本原理、步骤及数据分析方法。

复习计划

第一周：基础概念回顾

每日任务：

阅读教材，复习力学基础知识，重点理解力的三要素、力的合成与分解、牛顿第一、二、三定律。
制作概念卡片，将关键概念和公式记录在卡片上，每天复习。
完成课后习题，巩固当天所学。

周末总结：

回顾 周所学，整理出力学基本概念框架图。
自我测试，通过选择题和简答题形式检验对基础知识的掌握程度。

第二周：公式应用与解题技巧

每日任务：

学习并练习应用动量守恒定律、动能定理、机械能守恒定律等公式。
分析经典例题，总结解题步骤和技巧，如受力分析、运动状态分析、能量转化分析等。
观看教学视频，理解复杂问题的解题思路。

周末实践：

尝试解决历年高考力学难题，记录解题过程中的疑问和难点。
参加学习小组，与同学讨论解题思路，互相解答疑问。

图附录-7 个性化复习计划

请 AI 生成阶段学习总结。对于学生来说，每学习一部分知识，就要进行阶段性归纳总结，这样有助于了解自己的学习水平。在日常学习过程中，学生可以请 AI 生成阶段学习总结，从复杂的知识内容中提炼出精简的知识。在具体的操作过程中，学生要预先把大量烦琐的资料整理在文档中，之后上传至 AI，并在对话框表明自己的薄弱环节，请 AI 软件为自己生成学习总结。如图附录-8、附录-9 所示。

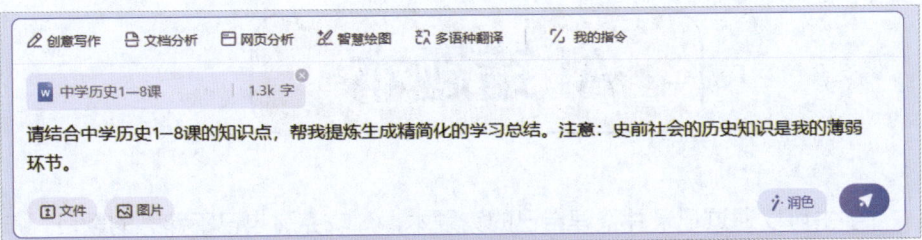

图附录 -8 请 AI 生成阶段学习总结

中学历史1—8课 1.3k 字

请结合中学历史1—8课的知识点，帮我提炼生成精简化的学习总结。注意：史前社会的历史知识是我的薄弱环节。

使用: 阅读助手

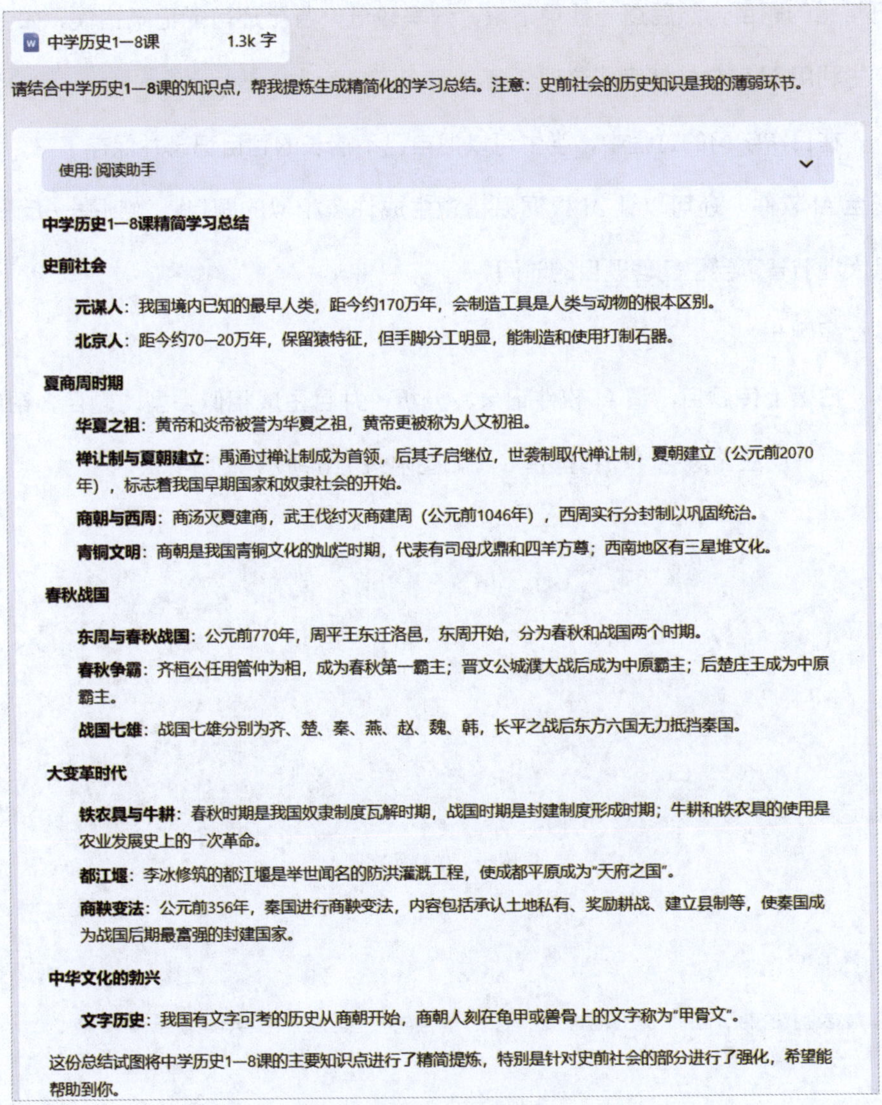

中学历史1—8课精简学习总结

史前社会

元谋人：我国境内已知的最早人类，距今约170万年，会制造工具是人类与动物的根本区别。

北京人：距今约70—20万年，保留猿特征，但手脚分工明显，能制造和使用打制石器。

夏商周时期

华夏之祖：黄帝和炎帝被誉为华夏之祖，黄帝更被称为人文初祖。

禅让制与夏朝建立：禹通过禅让制成为首领，后其子启继位，世袭制取代禅让制，夏朝建立（公元前2070年），标志着我国早期国家和奴隶社会的开始。

商朝与西周：商汤灭夏建商，武王伐纣灭商建周（公元前1046年），西周实行分封制以巩固统治。

青铜文明：商朝是我国青铜文化的灿烂时期，代表有司母戊鼎和四羊方尊；西南地区有三星堆文化。

春秋战国

东周与春秋战国：公元前770年，周平王东迁洛邑，东周开始，分为春秋和战国两个时期。

春秋争霸：齐桓公任用管仲为相，成为春秋第一霸主；晋文公城濮大战后成为中原霸主；后楚庄王成为中原霸主。

战国七雄：战国七雄分别为齐、楚、秦、燕、赵、魏、韩，长平之战后东方六国无力抵挡秦国。

大变革时代

铁农具与牛耕：春秋时期是我国奴隶制度瓦解时期，战国时期是封建制度形成时期；牛耕和铁农具的使用是农业发展史上的一次革命。

都江堰：李冰修筑的都江堰是举世闻名的防洪灌溉工程，使成都平原成为"天府之国"。

商鞅变法：公元前356年，秦国进行商鞅变法，内容包括承认土地私有、奖励耕战、建立县制等，使秦国成为战国后期最富强的封建国家。

中华文化的勃兴

文字历史：我国有文字可考的历史从商朝开始，商朝人刻在龟甲或兽骨上的文字称为"甲骨文"。

这份总结试图将中学历史1—8课的主要知识点进行了精简提炼，特别是针对史前社会的部分进行了强化，希望能帮助到你。

图附录 -9 请 AI 生成阶段学习总结

AI 错题本

学生可以通过记录并整理自己的错题本，"攻克"自己不熟悉的题目。按照传统方法，整理错题本虽然有效却非常耗时，学生要从海量的题目中筛选自己常错的题目，然后逐一抄录下来，效率较低，甚至还可能记录错误。如今，学生利用 AI 软件能够完成这项任务。

在日常学习的过程中，学生可以把自己不擅长的题目记录并保存下来，发送至 AI 软件，还可以让 AI 根据易错题生成许多相似的题目，做到举一反三，极大地节省了学生整理题目的时间。

案例一

拍摄上传题目，请 AI 软件记录、分析，并且生成相似类型的题目，帮助学生举一反三，避免"一错再错"。如图附录 -10 所示。

图附录 -10 错题案例

这道题我选择的是B，但是错了，请告诉我正确选项，并且解析，再出两道相似类型的题目，帮我巩固。

图附录 -11 错题上传

首先我们来分析一下题目：

已知 a 和 b 满足方程式 $a+b=10$ 和 $a-b=2$，则 a 和 b 的值分别为（）。

我们可以用代数方法解这个问题：

从第一个方程 $a+b=10$ 开始：
$a=10-b$

将这个表达式代入第二个方程 $a-b=2$ 中：
$(10-b)-b=2$
$10-2b=2$
$8=2b$
$b=4$

然后将 $b=4$ 代回 $a=10-b$ 中：
$a=10-4$
$a=6$

所以，$a=6$，$b=4$。

因此，正确答案是 A：$a=6, b=4$。

接下来，我们再来做两道类似的题目进行巩固：

题目1：
已知 x 和 y 满足方程式 $x+y=15$ 和 $x-y=3$，则 x 和 y 的值分别为（）。
A. $x=9, y=6$
B. $x=7, y=8$
C. $x=10, y=5$
D. $x=8, y=7$

解答：
从第一个方程 $x+y=15$ 开始：
$x=15-y$

将这个表达式代入第二个方程 $x-y=3$ 中：
$(15-y)-y=3$
$15-2y=3$
$12=2y$
$y=6$

然后将 $y=6$ 代回 $x=15-y$ 中：
$x=15-6$
$x=9$

所以，$x=9$，$y=6$。

因此，正确答案是 A：$x=9, y=6$。

题目2：
已知 m 和 n 满足方程式 $m+n=20$ 和 $m-n=4$，则 m 和 n 的值分别为（）。
A. $m=12, n=8$
B. $m=14, n=6$
C. $m=10, n=10$
D. $m=16, n=4$

解答：

从第一个方程 $m + n = 20$ 开始：
$m = 20 - n$

将这个表达式代入第二个方程 $m - n = 4$ 中：
$(20 - n) - n = 4$
$20 - 2n = 4$
$16 = 2n$
$n = 8$

然后将 $n = 8$ 代回 $m = 20 - n$ 中：
$m = 20 - 8$
$m = 12$

所以，$m = 12, n = 8$。

因此，正确答案是 A：$m = 12, n = 8$。

图附录 -12 错题解析与类似题生成（受篇幅所限，此后的题目不再展示）

学生将错题以手机拍照的形式上传至 AI，并且请求 AI 进行分析，生成相似题目，帮助自己巩固知识点，AI 给出比较详细的解析步骤，学生可将这些内容以图片的形式保留下来，来组成自己的错题本，尽量降低自己在同一种类型题目出错的概率。如图附录 -11、附录 -12 所示。

案例二，如图附录 -13、附录 -14、附录 -15 所示。

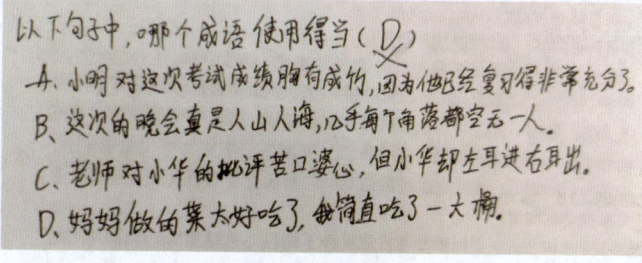

图附录 -13 错题案例

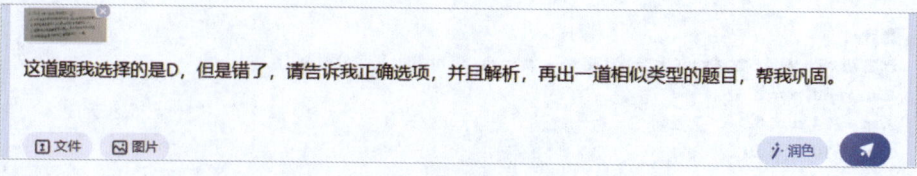

图附录 -14 错题上传

好的，让我们来分析一下这道题目：

题目：以下句子中，哪个成语使用得当？（图片中的内容）

A. 小明对这次考试成绩胸有成竹，因为他已经复习得非常充分了。

B. 这次的晚会真是人山人海，几乎每个角落都空无一人。

C. 老师对小华的批评苦口婆心，但小华却左耳进右耳出。

D. 妈妈做的菜太好吃了，我简直吃了一大桶。

正确答案：C

解析：

- A选项中的"胸有成竹"比喻做事之前已经有了全面的考虑和把握，这里用来形容小明对考试成绩有信心是合适的，但是根据题目的要求是选出最恰当的一项，因此需要比较所有选项。
- B选项中的"人山人海"形容人非常多，而后面又说"几乎每个角落都空无一人"，前后矛盾，因此成语使用不当。
- C选项中的"苦口婆心"形容耐心地、反复地劝导，用在这里表示老师对小华的关心和耐心教育，成语使用得当。
- D选项中的"一大桶"不是成语，虽然表达的是妈妈做的菜很好吃的意思，但是这里没有使用成语，所以不符合题目的要求。

综上所述，C选项为正确答案。你选择了D选项，这个选项并没有使用成语，因此是错误的。

接下来，我们再来做一道类似的题目进行巩固：

新题目：以下句子中，哪个成语使用得当？

A. 他这个人总是信誓旦旦地说要减肥，结果每次都是半途而废。

B. 昨天晚上我在图书馆学习到深夜，整个图书馆只有我一个人，真是门庭若市啊！

C. 看着窗外的大雨，我心里暗自庆幸自己带了伞，否则就只能淋雨回家了。

D. 我们班的小红同学学习成绩一直名列前茅，她对待学习的态度真可谓是三心二意。

请从以上选项中选出成语使用正确的那一项。

提示：注意观察每个选项中的成语是否符合语境以及是否有逻辑上的矛盾。

图附录-15 错题解析与类似题生成（受篇幅所限，此后的题目不再展示）

案例三，如图附录-16所示。

问：

我是一名初二的学生，最近在学习物理科目的时候出现了比较多的问题，我将这些错题都记录了下来，现在我将我的错题发送给你，请为我解析题目，并且帮我出一些类似的题目，以巩固知识。错题如下：（1）物体

AI 教育：
令人惊叹的人工智能超级导师

> 在做匀速直线运动时，速度的大小（ ），方向（ ）。我填成了"增加""变化"。（2）气体的压强与温度的关系是（ ），即温度越高，气体的压强（ ）。我填成了"成反比""增加"。

---

1. 物体在做匀速直线运动时，速度的大小（ ），方向（ ）。

你的错误答案："增加"，"变化"

正确答案："不变"，"不变"

解析：

匀速直线运动的定义是：物体沿直线以恒定的速度运动。在这种情况下，物体的速度大小保持不变，意味着物体的运动速度不会增大或减小。而物体的运动方向也**不变**，即始终沿同一条直线运动。因此，正确答案是"速度的大小不变，方向不变"。

类似题目：

1. 物体做匀速运动圆周运动时，速度的大小（ ），方向（ ）。
   - 可能的错误答案：增加，变化
   - 正确答案：不变，变化

2. 一个物体做匀速直线运动时，所受合力的方向和大小是（ ）的。
   - 可能的错误答案：不变
   - 正确答案：不变

---

2. 气体的压强与温度的关系是（ ），即温度越高，气体的压强（ ）。

你的错误答案："成反比"，"增加"

正确答案："成正比"，"增加"

解析：

气体的压强与温度的关系可以通过查理定律和玻意耳定律等公式来理解。根据**查理定律**，在一定的体积条件下，气体的压强与温度是**成正比**的。也就是说，当气体的温度升高时，气体分子运动得更快，碰撞频率增大，从而导致气体的压强增大。因此，正确答案是"成正比，增加"。

类似题目：

1. 气体的体积与温度的关系是（ ），即温度越高，气体的体积（ ）。
   - 可能的错误答案：成反比，增加
   - 正确答案：成正比，增加

2. 在恒温条件下，气体的压强与体积的关系是（ ）。
   - 可能的错误答案：成正比
   - 正确答案：成反比（玻意耳定律）

图附录-16 错题解析与类似题生成

AI 习题集

俗话说"熟能生巧",在学习过程中,有效的习题训练能够强化学生对知识点的掌握。每次老师讲完新知识之后,一般都会让学生根据刚讲完的知识点做些习题,抓紧巩固,这对于打基础很有必要。如今,学生可以利用 AI 软件,根据自己制订的方向生成大量针对性的习题,做成习题集,经过大量习题的"考验",学生对于相关知识点的掌握程度就能获得较大程度的提升。

利用 AI 软件生成习题集的时候,要注意提问的方式方法,因为如果提问方式出现问题,AI 软件所生成的内容也会有所偏差。一般来说,请 AI 软件生成习题集有既定的提问模板。

AI 生成习题集提问公式:请生成关于【知识点】的【题型】习题,难度为【难度等级】,包含【数量】题目 / 请根据以下例题,生成相似类型的习题【难度等级】【数量】。

提问示例一:请生成关于初中物理力与运动的选择题习题,难度为中等,包含 8 道题目。

提问示例二:请生成关于几何中的平行线性质的填空题习题,难度为简单,包含 15 道题目。

提问示例三:请生成关于函数的图像的解答题习题,难度为较难,包含 5 道题目。

提问示例四:请生成关于直线与圆的关系的判断题习题,难度为简单,包含 10 道题目。

提问示例五:请生成关于元素周期表的选择题习题,难度为中等,包含 8

道题目。

提问示例六：请根据以下例题，生成相似类型的中等难度习题3道。烈日下，汽车玻璃窗上的小水珠应尽快擦干，这是由于小水珠相当于一个（选填"凸透镜"或"凹透镜"），对太阳光有（选填"会聚"或"发散"）作用，可能使车内某处温度升高而导致火灾。

提问示例七：请根据以下例题，生成相似类型的中等难度习题2道。钙在骨骼生长和肌肉收缩等过程中发挥重要作用。晒太阳有助于青少年骨骼生长，预防老年人骨质疏松。下列叙述错误的是（ ）

A. 细胞中有以无机离子形式存在的钙

B. 人体内 Ca^{2+} 可自由通过细胞膜的磷脂双分子层

C. 适当补充维生素 D 可以促进肠道对钙的吸收

D. 人体血液中钙离子浓度过低易出现抽搐现象

案例一，如图附录-17 所示。

问：

请生成关于代数的选择题，难度为中级，包含2道题目。

---

(1) 题目：已知 $a^m = 2$，$a^n = 4$，那么 $a^{m+2n} = $ ___.

A.16 B.32 C.64 D.128

答案：B

(2) 题目：已知 $x^m = 2$，$x^n = 4$，则 $x^{m+n} = $ ___.

A.32 B.16 C.8 D.2

答案：A

图附录-17 生成习题集案例一

附录：AI 家教颠覆你的想象

案例二，如图附录-18 所示。

请生成关于概率的应用题，难度为初级，包含 2 道题目。

请生成关于概率的选择题，难度为初级，包含2道题目。

(1) 题目：一个盒子里装有2个红球和5个黄球，任意摸出一个球，摸出红球的可能性与摸出黄球的可能性之和是( )。
A.$\frac{2}{7}$ B.$\frac{5}{7}$ C.1

答案：C

【分析】因为盒子里只有红球和黄球，所以摸出红球的可能性和摸出黄球的可能性之和就是事件发生的总可能性，为1。

(2) 题目：在一个正方体的六个面写上数字，使得正方体掷出后，5朝上的可能性为$\frac{1}{2}$，正方体有多少个面要写上5。
A.1 B.2 C.3 D.4

答案：C

【分析】正方体有六个面，每个面朝上的可能性都是$\frac{1}{6}$，要使5朝上的可能性为$\frac{1}{2}$，那么写5的面数就是6个面的$\frac{1}{2}$，即$6 \times \frac{1}{2} = 3$（个）。

图附录-18 生成习题集案例二

案例三，如图附录-19 所示。

> **问：**
>
> 请根据以下例题，生成相似类型的初级难度选择题 1 道。例题：抽取扑克牌，从一副标准的 52 张扑克牌中随机抽取一张牌，求以下事件发生的概率：（1）抽到一张红心的概率；（2）抽到一张皇后的概率。

题目：从一副标准的52张（不包括大小王）扑克牌中随机抽取一张牌，求以下事件发生的概率：

A. 抽到一张黑色的概率
B. 抽到一张A的概率
C. 抽到一张既是红色又是偶数的概率
D. 抽到一张既不是K也不是Q的概率

现在，请选择以下哪个选项的概率值最大：

A. A选项的概率最大
B. B选项的概率最大
C. C选项的概率最大
D. D选项的概率最大

答案：D

解析：

A选项：一副标准的52张扑克牌中有26张是黑色的（包括黑桃和梅花），所以抽到一张黑色的概率是 $\frac{26}{52} = \frac{1}{2}$。

B选项：一副标准的52张扑克牌中有4张是A（包括红桃A、黑桃A、梅花A、方块A），所以抽到一张A的概率是 $\frac{4}{52} = \frac{1}{13}$。

C选项：一副标准的52张扑克牌中红色的偶数牌有4张（红桃2、红桃4、红桃6、红桃8），所以抽到一张既是红色又是偶数的概率是 $\frac{4}{52} = \frac{1}{13}$。

D选项：一副标准的52张扑克牌中有4张K和4张Q，共8张，所以抽到一张既不是K也不是Q的牌的概率是 $1 - \frac{8}{52} = \frac{44}{52} = \frac{11}{13}$。

比较这四个概率，$\frac{11}{13}$ 是最大的，所以答案是D。

图附录-19 生成习题集案例三

结语
CONCLUSION

在人工智能迅速发展的今天，教育领域正经历着深刻的变革。人工智能的崛起，赋予了学生个性化学习体验的可能性，其能力打破了传统教师的局限。如今，AI不仅仅是一个辅助工具，更是指引着教育模式的新方向。

在传统的自学模式中，学生通常依赖书籍、网络资源、课堂笔记等方式进行知识的积累与掌握。然而，这种方式存在较多的局限性，学习内容的选择不够个性化，学生自学时缺乏即时反馈，而且传统学习也往往缺乏互动性和学习动力，导致学生难以保持持久的学习兴趣。与之相比，AI自学通过深度学习和大数据分析技术，能够为每个学生提供个性化的学习体验。AI系统能够精准识别每个学生的学习水平、兴趣和薄弱环节，从而提供定制化的学习内容和策略。AI技术的诸多进展极大提高了学生的学习效率，就像24小时的超级导师陪伴身边。

随着技术的不断进步，人工智能将会更加深入地融入教育体系。未来的教育不仅仅是学习工具的革新，更是教育模式的全方位重构。AI的快速发展将使得教育的个性化和定制化成为现实。未来的学生将不再局限于课堂教学或固定的学习内容，他们的学习进程将由AI根据其独特的认知特征、学习习惯和兴趣爱好进行全面优化。